1일 1독해

한국사 ④

조선 시대편 (하)

"하루 15분" 똑똑한 공부 습관

1일 1독해

초판 5쇄	2024년 9월 20일
초판 1쇄	2022년 6월 20일
펴낸곳	메가스터디(주)
펴낸이	손은진
개발 책임	김문주
개발	양수진, 최성아, 최란경, 조지현
글	큰곰자리
그림	김지애, 이지야
디자인	이정숙, 주희연
마케팅	엄재욱, 김상민
제작	이성재, 장병미
사진 제공	과학기술정보통신부, 국립고궁박물관, 국립중앙박물관, 서울대학교 규장각한국학연구원, 숭실대학교 한국기독교박물관, 평택시, 토픽이미지스, Getty Images Bank
주소	서울시 서초구 효령로 304(서초동) 국제전자센터 24층
대표전화	1661.5431
홈페이지	http://www.megastudybooks.com
출판사 신고 번호	제 2015-000159호
출간제안/원고투고	메가스터디북스 홈페이지 <투고 문의>에 등록

일러두기
· 맞춤법과 띄어쓰기는 국립국어원에서 펴낸 《표준국어대사전》을 기준으로 삼되, 초등학교 교과서의 표기를 참고했습니다.
· 외국의 인명과 지명은 국립국어원에서 펴낸 《외래어 표기법》을 따랐습니다.
· 본 저작물은 공공누리 제1유형에 따라 공공 저작물을 이용하였습니다.

메가스터디BOOKS
'메가스터디북스'는 메가스터디㈜의 교육, 학습 전문 출판 브랜드입니다.
초중고 참고서는 물론, 어린이/청소년 교양서, 성인 학습서까지 다양한 도서를 출간하고 있습니다.

·**제품명** 1일 1독해 한국사 4
·**제조자명** 메가스터디㈜ ·**제조년월** 판권에 별도 표기 ·**제조국명** 대한민국 ·**사용연령** 3세 이상
·**주소 및 전화번호** 서울시 서초구 효령로 304(서초동) 국제전자센터 24층 / 1661-5431

매일매일 공부 습관을 길러 주는 공부 친구

내 이름은 **체키**

Checky

• 나이 •

11세

• 태어난 곳 •

태양계 시간성

왕크왕귀

• 특징 •

몸집에 비해, 손과 발이 극도로 작다.
매력포인트는 왕 큰 양쪽 귀와 45도로 뻗은 진한 콧수염.

• 성격 •

허술해 보이는 외모와 다르게 치밀하고, 자신감이 넘친다.

• 지구별에 오게 된 사연 •

태양계 시간성에서 Wake-up을 담당하는 자명종으로 태어나 지구별로 오게 됐으나,
신기한 지구 생활 매력에 푹 빠져, 하루 종일 신나는 모험 중이다.

하루 15분!

• 새로운 재능 •

'초집중 탐구력'을 발견하고 마음껏 뽐내고 있다.

• 특기 •

롤롤이 타고 탐험하기

체키 전용 롤러보드
롤롤이

• 꿈 •

메가스터디북스 모든 책의 주인공 되기

1일 1독해

우리 아이 10년 뒤를 바꾸는 독해력!

독해력은 모든 학습의 기초 체력입니다. 초등 시기에 제대로 읽고 이해하는 독해력을 탄탄하게 다져 놓으면, 중학생, 고등학생이 되어 아무리 어려운 지문과 문제를 접하더라도 그 내용을 잘 이해할 수 있고 차근차근 문제를 풀 수 있습니다. 독해력이 뛰어난 아이일수록 여러 교과의 내용을 쉽게 이해할 수 있고, 자신의 생각을 풍부하고 명확하게 표현할 수 있습니다.

왜? 1일 1독해일까?

〈1일 1독해〉 시리즈는 주제에 맞는 이야기가 짧은 지문으로 제시되어 부담 없이 매일 한 장씩 풀기 좋습니다. 독해는 어릴 때 습관을 잡아 주는 것이 가장 중요합니다. 메가스터디북스의 〈1일 1독해〉 시리즈로 몸의 근육을 키우듯 **아이의 학습 근육을 키워 주세요.**

1일 1독해, 엄마들이 선택한 이유가 있습니다!

1 아이가 재미있어서 스스로 보는 책

왜 아이들은 1일 1독해를 "재미있다"고 할까요?
눈높이에 맞는 흥미로운 주제의 지문들을 읽는 즐거움이 있기 때문입니다.
지문을 읽고 바로바로 문제를 풀어 확인하는 단순한 학습 패턴에서 아이는 공부의 재미를 느끼게 됩니다.

2 매일 완독하니까 성공의 경험이 쌓이는 책

하루 15분! 지문 1쪽, 문제 1쪽의 부담 없는 학습량으로 아이는 매일매일 성공적인 학습을 경험합니다.
매일 느끼는 성취감은 꾸준한 학습 습관으로 이어지고, 완독의 경험이 쌓여 아이의 공부 기초 체력이 됩니다.

3 독해 학습과 배경지식 확장이 가능한 책

한국사, 세계사, 사회 등 교과 연계 주제 지문으로 교과 학습 대비가 가능하고,
세계 명작, 고전, 인물까지 인문 교양과 관련된 폭넓은 주제의 지문으로 배경지식을 확장시킬 수 있습니다.
또한 다양한 유형의 문제로 독해력을 키우는 데 효과적입니다.

메가스터디북스 1일1독해 시리즈

〈1일 1독해〉 시리즈는 독해를 시작하는 예비 초~저학년을 위한 **이야기 시리즈**, 초등학교 전학년이 볼 수 있는
교과 연계 중심의 **교과학습 시리즈**, 배경지식을 확장해 주는 **인문교양 시리즈**로 구성하였습니다.

예비 초~2학년

이야기

과학 이야기 ❶~❻
세계 나라 ❶, ❷
세계 명작
마음 이야기

전 10권

호기심을 키우는 다양한 주제의 이야기로,
아이가 관심 있는 주제부터 시작하여 차근
차근 독해력을 길러 줍니다.

초등 교과학습

한국사

❶ 선사~통일 신라, 발해편
❷ 후삼국~고려 시대편
❸ 조선 시대편 (상)
❹ 조선 시대편 (하)
❺ 대한 제국~현대편

전 5권

우리 역사의 주요 사건과 인물을 시대별로
구성하여, 한국사의 흐름을 이해하고 교과
학습에 대비할 수 있습니다.

세계사

❶ 고대편
❷ 중세편
❸ 근대편 (상)
❹ 근대편 (하)
❺ 현대편

전 5권

세계사의 주요 장면들을 독해로 학습하며
우리 아이가 반드시 알아야 할 세계사 지식
을 시대별 흐름에 맞춰 익힐 수 있습니다.

초등 사회

❶~❺

전 5권

사회 문화, 지리, 전통문화, 정치, 경제 등의
사회 교과 독해를 통해 교과 학습에 대비할
수 있습니다.

초등 인문교양

세계 고전 50 | 우리 고전 50

세계 고전 50 ❶, ❷
우리 고전 50
❶ 삼국유사 설화
❷ 교과서 고전문학

전 4권

초등학생이 꼭 읽어 두어야 할 세계 고전
50편과 우리 고전 50편을 하이라이트로 미
리 접하며 교양을 쌓을 수 있습니다.

세상을 바꾼 인물 100

❶ 문화·예술
❷ 과학·기술
❸ 의료·봉사
❹ 경제·정치

전 4권

교과서에 수록된 인물을 중심으로 초등학
생이 꼭 알아야 할 위대한 인물 100명의 이
야기를 통해 바른 인성을 기를 수 있습니다.

1일 1독해 구성과 특징

지문 1쪽 문제 1쪽으로 매일매일 독해력 강화!

선사부터 삼국, 조선,
대한 제국, 현대까지
시대별로 구성되어
역사의 흐름을 파악할 수
있도록 도와줍니다.

역사 속 인물, 사건, 제도,
문화 등 다양한 글감으로
우리 역사에 대한 호기심을
갖게 하고 지식을 쌓게 합니다.

지문과 관련된
연표를 제공하여
역사의 흐름 속에서
이야기를 이해할 수
있도록 도와줍니다.

쌀로 세금을 내게 한 대동법

조선의 백성들을 가장 힘들게 하는 세금은 공납이었어요. 공납은 명태나 버섯, 인삼, 부채, 놋그릇 등의 특산물*을 세금으로 내는 것인데, 나라에서 걷어 가는 물건의 종류와 양이 정해져 있었어요. 귀한 특산물이나 그 지역에서 나지 않는 특산물은 상인에게 비싼 값에 사서 내야 했어요. 또 품질이 좋지 못하면 퇴짜를 맞았지요.

이런 공납의 문제점을 해결하기 위해 나라에서는 '대동법'을 실시했어요. 대동법은 세금으로 특산물 대신 쌀을 내게 한 것이에요. 또 가진 땅의 넓이에 따라 내도록 했어요.

대동법의 실시로 농민들의 부담이 줄었어요. 농사지은 쌀로 내고, 땅이 없는 농민은 내지 않아도 되었어요. 하지만 땅을 많이 가진 양반들은 세금이 늘어나 대동법을 반대했지요.

대동법은 광해군 때 경기도에서 처음 실시되었고, 점차 확대되어 100년이 지난 뒤인 숙종 때 이르러 전국적으로 실시되었어요.

경기도 평택시에 있는 대동법 시행 기념비

1608년	1651년	1708년
광해군 때 경기도에서 대동법이 실시됨.	효종 때 충청도에서 대동법이 실시됨.	숙종 때 대동법이 전국적으로 실시됨.

📖 읽은 것 확인하기

👋 읽은 날짜 :　　월　　일

1 백성들이 나라에 세금으로 특산물을 내는 것을 무엇이라고 하는지 쓰세요.

2 대동법이 무엇인지 빈칸에 알맞은 말을 쓰세요.

> 대동법은 세금으로 특산물 대신 ＿＿＿＿＿＿＿ 을 내게 한 제도예요. ●

3 대동법에 대한 설명으로 맞으면 ○, 틀리면 × 하세요.

(1) 가진 땅의 넓이에 따라 내도록 했다. 　　　　　　　　　(　　　)
(2) 특산물 대신 쌀을 냈다. 　　　　　　　　　　　　　　　(　　　)
(3) 땅이 없는 농민은 내지 않아도 되었다. 　　　　　　　　(　　　)
(4) 땅을 많이 가진 양반들은 대동법을 찬성했다. 　　　　　(　　　)

4 빈칸에 들어갈 말을 〈보기〉에서 찾아 쓰세요.

> 보기
> 숙종
> 광해군

●　｜＿＿＿＿＿＿＿｜ 때 경기도에서 처음 실시된 대동법은

｜＿＿＿＿＿＿＿｜ 때 이르러 전국적으로 실시되었어요.

🔖 역사 용어

특산물 어떤 지역에서만 특별하게 생산되는 물건.

1일 1독해 차례

쌀로 세금을 내게 한 대동법

조선의 백성들을 가장 힘들게 하는 세금은 공납이었어요. 공납은 명태나 버섯, 인삼, 부채, 놋그릇 등의 특산물*을 세금으로 내는 것인데, 나라에서 걷어 가는 물건의 종류와 양이 정해져 있었어요. 귀한 특산물이나 그 지역에서 나지 않는 특산물은 상인에게 비싼 값에 사서 내야 했어요. 또 품질이 좋지 못하면 퇴짜를 맞았지요.

이런 공납의 문제점을 해결하기 위해 나라에서는 '대동법'을 실시했어요. 대동법은 세금으로 특산물 대신 쌀을 내게 한 것이에요. 또 가진 땅의 넓이에 따라 내도록 했어요.

대동법의 실시로 농민들의 부담이 줄었어요. 농사지은 쌀로 내고, 땅이 없는 농민은 내지 않아도 되었어요. 하지만 땅을 많이 가진 양반들은 세금이 늘어나 대동법을 반대했지요.

대동법은 광해군 때 경기도에서 처음 실시되었고, 점차 확대되어 100년이 지난 뒤인 숙종 때 이르러 전국적으로 실시되었어요.

경기도 평택시에 있는 대동법 시행 기념비

1608년	1651년	1708년
광해군 때 경기도에서 대동법이 실시됨.	효종 때 충청도에서 대동법이 실시됨.	숙종 때 대동법이 전국적으로 실시됨.

1 백성들이 나라에 세금으로 특산물을 내는 것을 무엇이라고 하는지 쓰세요.

2 대동법이 무엇인지 빈칸에 알맞은 말을 쓰세요.

대동법은 세금으로 특산물 대신 ＿＿＿＿＿＿＿＿ 을 내게 한 제도예요.

3 대동법에 대한 설명으로 맞으면 ○, 틀리면 × 하세요.

(1) 가진 땅의 넓이에 따라 내도록 했다. (　　　)
(2) 특산물 대신 쌀을 냈다. (　　　)
(3) 땅이 없는 농민은 내지 않아도 되었다. (　　　)
(4) 땅을 많이 가진 양반들은 대동법을 찬성했다. (　　　)

4 빈칸에 들어갈 말을 〈보기〉에서 찾아 쓰세요.

보기

숙종
광해군

• ＿＿＿＿＿＿ 때 경기도에서 처음 실시된 대동법은

＿＿＿＿＿＿ 때 이르러 전국적으로 실시되었어요.

역사 용어

특산물 어떤 지역에서만 특별하게 생산되는 물건.

9

울릉도와 독도를 지킨 안용복

조선의 어부 안용복은 울릉도에 갔다가 그곳에서 고기잡이를 하는 일본 어부들을 보았어요.

"울릉도는 조선의 땅인데, 어찌 여기서 고기를 잡느냐?"

일본 어부들은 자신들을 꾸짖는 안용복을 일본으로 끌고 갔어요. 안용복은 일본 관리들에게 조선의 땅인 울릉도에 일본 어부가 온 것이 잘못이라고 따졌어요. 결국 일본 막부에게서 '울릉도는 일본의 땅이 아니다.'라는 내용의 문서를 받아 냈지요. 그 뒤 조선은 일본 어부가 울릉도와 독도에 오는 것을 금지했어요.

몇 년 뒤 안용복은 또다시 울릉도에 갔어요. 그런데 여전히 일본 어부들이 울릉도에서 고기를 잡고 있었어요. 안용복은 일본 어부들을 쫓아 일본에 갔어요. 그러고는 조선의 땅인 울릉도와 독도에 일본 어부들이 오면 안 된다고 강하게 이야기하여 일본의 관리로부터 사과를 받아 냈어요.

안용복은 일찍이 울릉도와 독도가 조선의 땅이라는 것을 당당히 일본에 알렸어요.

독도의 모습

1693년
안용복이 일본 막부에게서
문서를 받아 냄.

1696년
안용복이 독도에서
일본인을 쫓아냄.

읽은 것 확인하기

1 안용복은 원래 무엇을 하던 사람이었는지 알맞은 것에 ○ 하세요.

> 울릉도를 지키는 관리

> 고기잡이를 하는 어부

2 안용복이 일본 막부에게서 받아 낸 문서의 내용을 쓰세요.

_____는 _____의 땅이 아니다.

3 글을 읽으면서 알맞은 말에 ○ 하세요.

> 안용복은 울릉도와 독도가 (조선 / 일본)의 땅이라는 것을 당당히 일본에 알렸어요.

4 안용복이 한 일로 맞는 것을 모두 고르세요.

① 일본 관리들에게 일본에 간 것을 잘못했다고 빌었어요.
② 일본 관리들에게 일본 어부가 울릉도에 온 것이 잘못이라고 따졌어요.
③ 울릉도가 일본의 땅이 아니라는 일본 막부의 문서를 받아 냈어요.
④ 일본 어부들과 사이좋게 울릉도와 독도에서 고기잡이를 했어요.

역사 용어

막부 12세기부터 19세기까지 일본을 다스린 무사 정권을 일컫는 말.

탕평책을 펼친 영조

숙종 때는 붕당* 사이에 다툼이 심했어요. 그중 소론*은 숙종의 큰 아들인 세자를 왕으로, 노론*은 둘째 아들인 연잉군을 왕으로 세우려고 했지요. 결국 소론의 뜻대로 세자가 숙종의 뒤를 이어 경종이 되었어요.

경종이 왕이 된 후, 소론은 왕의 자리를 위협하는 연잉군을 없애려 했어요. 그러던 중 경종이 갑자기 죽게 되자 연잉군이 왕의 자리에 올랐어요. 그가 바로 영조예요.

노론과 소론의 싸움에 휘말려 목숨을 잃을 뻔했던 영조는 탕평책을 실시했어요. 탕평책은 왕이 한쪽 붕당에 치우치지 않고, 인재를 골고루 뽑아 쓰는 정책이에요. 예를 들어 노론에서 영의정을 맡으면 좌의정은 소론에서 뽑는 식이었지요.

영조는 탕평책을 쓰면서 왕의 힘도 키워 나갔어요.

영조 어진

탕평비

1724년
영조가
왕위에 오름.

1742년
영조가
탕평비를 세움.

1776년
영조가
세상을 떠남.

읽은 것 확인하기

1 영조와 관계있는 말을 찾아 알맞은 것에 ○ 하세요.

연잉군   세자

2 글자를 따라 쓰고, 각 붕당의 주장을 찾아 줄로 이으세요.

노 론 •   • 세자를 왕으로 세우자.

소 론 •   • 연잉군을 왕으로 세우자.

3 탕평책이 무엇인지 빈칸에 들어갈 말을 〈보기〉에서 찾아 쓰세요.

보기

인재

붕당

• 왕이 한쪽 [   ]에 치우치지 않고,

[   ]를 골고루 뽑아 쓰는 정책이에요.

4 영조가 탕평책을 실시한 이유로 맞는 것을 고르세요.

① 붕당 간의 싸움에 휘말려 목숨을 잃을 뻔했기 때문에
② 숙종이 탕평책을 실시하라고 명령했기 때문에
③ 노론과 소론이 모두 자신의 뜻대로 했기 때문에

역사 용어

붕당 학문적, 정치적으로 뜻을 같이하는 사람들의 무리.
소론·노론 정치적으로 뜻을 같이 하는 붕당으로, 숙종 때 서로 대립하였음.

논에 모내기, 밭고랑에 씨뿌리기

임진왜란과 병자호란으로 조선의 땅은 매우 황폐해졌어요. 농민들은 저수지와 보같이 미리 물을 모아 둘 수 있는 시설을 많이 만들었어요. 이런 시설들을 갖추면서 모내기법이 널리 퍼졌어요. 이전에는 땅에 직접 볍씨를 뿌렸는데, 모내기법은 모판에 볍씨를 뿌려 모가 어느 정도 자라면 물을 가둔 논에 옮겨 심는 거예요.

모내기법은 잘 자란 모를 골라 심기 때문에 쌀을 많이 거둘 수 있었어요. 잡초를 뽑기 쉬워 일손을 줄일 수도 있었지요. 또 모가 모판에서 자라는 동안 빈 논에는 보리를 기를 수도 있었어요. 이렇다 보니 모내기법으로 많은 쌀을 거두어들이는 부자들도 생겨났어요.

밭농사는 씨앗을 밭에 흩뿌리는 대신 고랑을 깊이 파서 씨앗을 심는 골뿌림법이 널리 퍼졌어요. 골뿌림법을 하면 잡초를 뽑기 쉽고, 씨앗이 더위와 추위에도 잘 견딜 수 있어 수확량이 많아졌어요. 또한 농민들은 시장에 내다팔 수 있는 고추와 담배, 인삼 등의 밭작물도 많이 길러 돈을 벌었어요.

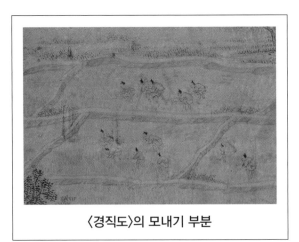

〈경직도〉의 모내기 부분

1608년
경기도에서
대동법이 실시됨.

1708년
대동법이
전국적으로 실시됨.

1763년
고구마 재배를
시작함.

1　임진왜란과 병자호란 이후 조선에 널리 퍼진 벼를 재배하는 농사법은 무엇인지 쓰세요.

2　모내기법의 장점으로 맞는 것을 모두 고르세요.

① 잘 자란 모를 골라 심어서 쌀을 많이 거둘 수 있었어요.
② 잡초를 뽑기 쉬워 일손을 줄일 수 있었어요.
③ 씨앗이 더위와 추위에 잘 견뎌 수확량이 많아졌어요.
④ 모가 모판에서 자라는 동안 빈 논에 보리를 기를 수 있었어요.

3　밭농사 방법이 어떻게 바뀌었는지 빈칸에 알맞은 말을 쓰세요.

　　씨앗을 밭에 흩뿌리는 대신 ＿＿＿＿＿＿＿＿＿ 을 깊이 파서

　　씨앗을 심는 ＿＿＿＿＿＿＿＿＿ 이 널리 퍼졌어요.

4　조선에 새로운 농사법이 퍼진 뒤의 모습으로 맞는 것을 모두 고르세요.

① 농민들은 벼도 기르고, 보리도 길러야 해서 생활이 더욱 힘들어졌어요.
② 모내기법으로 많은 쌀을 거두어들이는 부자들이 생겨났어요.
③ 밭농사는 사라지고 논농사만 짓게 되었어요.
④ 농민들은 시장에 내다팔 수 있는 고추, 담배, 인삼 등을 길러 돈을 벌었어요.

역사 용어

보 논농사에 필요한 물을 담아 놓기 위해 쌓은 둑.
모판 씨를 뿌려 모를 키우기 위하여 만들어 놓은 곳.
고랑 땅과 땅 사이에 길고 좁게 들어간 곳.

활기가 넘치는 조선의 시장

　모내기법으로 농사를 짓고, 여러 가지 밭작물을 키우면서 농민들은 남은 것들을 장에 가지고 나와 팔기 시작했어요.

　전국 방방곡곡에서 장시가 열렸는데, 처음에는 15일이나 10일에 한 번씩 열리다가 점차 5일에 한 번씩 열렸어요. 보부상들은 물건을 지고 전국의 장시를 돌아다니며 팔았어요.

　한편, 나라에 필요한 물건을 만들던 장인들은 나라에 내고 남은 물건을 장시에서 팔 수 있었어요. 장인들은 가마솥, 놋그릇, 옹기 등을 내다 팔았지요.

　농민들도 농사를 짓는 틈틈이 물건을 만들어 팔았어요. 경상도 안동에서는 삼베를, 충청도 한산에서는 모시를 짜서 팔았어요. 이 밖에도 미투리나 돗자리 등도 만들어 팔았지요.

　장에 나오는 물건이 다양해지면서 장을 찾는 사람도 많아졌어요. 거기에 상평통보가 널리 사용되면서 조선의 장시는 활기가 넘쳤어요.

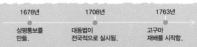

1678년	1708년	1763년
상평통보를 만듦.	대동법이 전국적으로 실시됨.	고구마 재배를 시작함.

읽은 것 확인하기

1 글을 읽으면서 빈칸에 알맞은 말을 쓰세요.

전국 방방곡곡에서 5일에 한 번씩 ＿＿＿＿＿＿＿＿ 가 열렸어요.

2 장인들이 만들어 장에 팔던 물건을 모두 찾아 ○ 하세요.

가마솥　　상평통보　　놋그릇　　담배　　옹기

3 빈칸에 들어갈 지역의 이름을 〈보기〉에서 찾아 번호를 쓰세요.

보기　　① 경상도 안동　　② 충청도 한산

• (　　　　)에서는 삼베를 짜서 팔았어요.
• (　　　　)에서는 모시를 짜서 팔았어요.

4 조선의 장시에 대한 설명으로 맞으면 ○, 틀리면 × 하세요.

(1) 장인들은 장시에서 물건을 사서 나라에 냈다. (　　　　)
(2) 보부상들은 전국의 장시를 돌아다니며 물건을 팔았다. (　　　　)
(3) 농민들은 장시에서 물건을 팔 수 없었다. (　　　　)
(4) 장시에서 상평통보가 널리 사용되었다. (　　　　)

역사 용어

장시 조선 후기에 상업이 발달하면서 전국 곳곳에서 열리던 정기 시장.
보부상 봇짐이나 등짐을 메고 장시를 돌아다니며 물건을 파는 상인.
미투리 삼이나 모시 등을 꼬아 만든 신발로 짚신처럼 생김.
상평통보 숙종 때부터 전국적으로 사용된 화폐.

실제 생활에 도움이 되는 실학

조선 후기에 농사 기술은 발전했지만 가난한 백성들의 삶은 더욱 어려워졌어요. 장시가 활발해졌어도 장사꾼은 여전히 무시를 당했지요. 유교 경전을 연구하는 성리학으로는 이런 문제를 해결할 수 없었어요. 그래서 백성들이 잘사는 데 실제로 도움이 되는 학문인 '실학'이 나오게 되었어요. 실학을 연구하는 실학자들은 농업과 상공업 문제에 관심을 기울였어요.

이익*, 정약용*은 농사를 짓는 농민들에게 땅을 나누어 주어야 한다고 주장했어요. 박지원*, 박제가는 상공업을 발전시켜 생활에 필요한 물건을 사고팔면 모두가 잘살게 된다고 생각했어요.

또, 중국 중심의 생각에서 벗어나 우리 역사와 땅을 연구한 실학자들도 있었어요. 유득공은 발해의 역사를 담은 《발해고》를 썼어요. 이중환은 우리 땅을 누비며 《택리지》라는 지리책을 썼어요.

실학은 조선의 문제점을 해결해 새롭게 변화시키려는 학문이었어요.

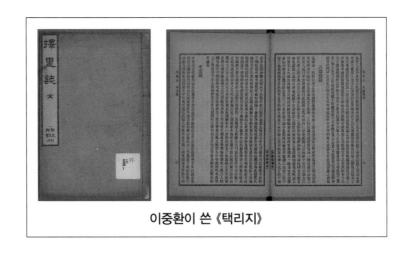

이중환이 쓴 《택리지》

1751년	1776년	1780년	1784년
이중환이 《택리지》를 씀.	규장각을 설치함.	박지원이 《열하일기》를 씀.	유득공이 《발해고》를 씀.

1 백성들이 잘사는 데 실제로 도움이 되는 학문이 무엇인지 쓰세요.

2 실학이 나오게 된 이유로 알맞은 것에 ○ 하세요.

> 성리학으로는 문제를
> 해결할 수 없었기 때문에

> 유교 예법을 따르는 게
> 중요하지 않았기 때문에

3 누구의 주장인지 빈칸에 알맞은 실학자들의 이름을 쓰세요.

(1) 농사짓는 농민들에게
　　땅을 나누어 주어야 한다.　　　　　————————, ————————

(2) 상공업을 발전시켜 생활에 필요한
　　물건을 사고팔도록 해야 한다.　　 ————————, ————————

4 다음의 책을 쓴 실학자의 이름을 찾아 줄로 이으세요.

《택리지》　·　　　　　　　　　　·　유득공

《발해고》　·　　　　　　　　　　·　이중환

🚩 역사 용어

이익 조선의 실학자로, 천문, 지리, 의학 등에 뛰어난 업적을 남기고 《성호사설》을 씀.
정약용 조선의 실학자로, 서양의 과학 기술을 들여왔고 《목민심서》, 《경세유표》를 씀.
박지원 조선의 실학자로, 청나라에 다녀온 뒤 《열하일기》를 씀.

개혁을 펼친 왕, 정조

"나는 사도 세자*의 아들이다."

사도 세자가 뒤주에 갇혀 죽은 지 14년 뒤에 그의 아들 산이 조선의 제22대 왕 정조가 되었어요.

정조는 할아버지 영조의 뜻을 이어받아 탕평책을 계속 펴 나갔어요. 그리고 왕실 도서관인 규장각을 설치해 신분과 붕당을 가리지 않고 능력 있는 사람들을 뽑았어요. 그동안 서얼* 출신이라 관직에 오르지 못했던 박제가, 이덕무 등이 규장각의 검서관*이 되었지요.

또 정약용, 박지원, 홍대용 등의 실학자들도 관리가 되어 자신의 뜻을 펼쳤어요. 정조는 젊고 능력 있는 신하들과 함께 학문을 연구하며 새로운 정치를 펼쳐 나갔어요.

정조는 왕의 힘을 키우기 위해 왕을 지키는 부대인 '장용영'을 만들었어요. 또 군사와 상업의 새로운 중심지를 만들기 위해 '수원 화성'을 짓게 했어요. 이 밖에도 정조는 여러 가지 개혁 정책을 펼쳤어요. 하지만 건강이 안 좋아져 안타깝게 49세의 나이로 세상을 떠났어요. 정조가 죽자 그가 펼쳤던 개혁 정치도 사라져 버리고 말았지요.

정조 어진

1776년	1793년	1796년
정조가 왕위에 오름.	장용위를 장용영으로 확대함.	수원 화성을 완공함.

읽은 것 확인하기

1 글을 읽으면서 알맞은 말에 ○ 하세요.

(사도 세자 / 소현 세자)의 아들 산이 제22대 왕 (영조 / 정조)가 되었어요.

2 정조가 만든 것의 이름을 빈칸에 쓰세요.

(1) 왕실 도서관:

(2) 왕을 지키는 부대:

3 정조와 함께 일한 관리들을 모두 찾아 ○ 하세요.

홍대용　　이덕무　　박지원　　조광조　　박제가　　정약용

4 정조가 한 일로 맞으면 ○, 틀리면 ✕ 하세요.

(1) 탕평책을 계속 펴 나갔다. 　　　　　　　(　　　)
(2) 규장각을 설치했다. 　　　　　　　　　(　　　)
(3) 서얼 출신의 관리는 뽑지 않았다. 　　　(　　　)
(4) 수원 화성을 짓게 했다. 　　　　　　　(　　　)

역사 용어

사도 세자 영조의 둘째 아들이자 정조의 아버지로, 영조와의 갈등으로 세자에서 쫓겨난 후 뒤주에 갇혀 목숨을 잃음.
서얼 원래의 부인 이외에 다른 부인이 낳은 자식을 가리키는 말로 서자라고도 함.
검서관 조선 정조 때 규장각에서 관료들을 도와 서적을 검토하고 필사하는 일을 했음.

정조의 꿈이 담긴 수원 화성

경기도 수원시에 있는 수원 화성은 정조 때 세워진 성이에요.

정조는 자신의 개혁 정치를 반대하는 노론이 있는 한양을 떠나 새로운 곳에서 새로운 정치를 펼치려고 했어요.

정조는 1794년에 수원 화성을 지으라고 명령했어요. 건설의 총책임은 채제공*이 맡고, 성 쌓는 일은 정약용이 맡았어요. 정약용은 우리나라의 성 쌓는 방식에 중국과 일본의 기술을 더해 성을 설계했어요. 그리고 무거운 돌을 쉽게 들어올릴 수 있는 거중기를 만들어 성을 쌓았어요. 마침내 1796년, 웅장하고 아름다운 수원 화성이 완성되었어요.

정조는 수원 화성 공사에 관한 모든 내용을 기록하라고 명령했어요. 그래서 만들어진 책이 《화성성역의궤》예요. 이 책에는 수원 화성을 짓는 데 든 비용, 일한 사람의 수, 벽돌 개수 등이 자세히 기록되어 있어요. 이 책 덕분에 6·25 전쟁 때 크게 훼손된 수원 화성을 원래 모습대로 고칠 수 있었지요.

현재 수원 화성은 유네스코 세계 유산으로 등재되어 있어요.

수원 화성

거중기

1794년	1796년	1801년
수원 화성을 짓기 시작함.	수원 화성을 완공함.	《화성성역의궤》를 펴냄.

읽은 것 확인하기

1 정조가 수원 화성을 지으려고 한 이유로 알맞은 것에 ○ 하세요.

> 한양의 성이 너무 작아서
> 불편했기 때문에

> 새로운 정치를 펼치기 위해서

2 정약용이 수원 화성을 지을 때 만들어 사용한 기구의 이름을 쓰세요.

정약용은 무거운 돌을 쉽게 들어올릴 수 있는 ＿＿＿＿＿＿ 를 만들었어요.

3 수원 화성 공사에 관한 모든 내용이 기록된 책의 이름을 쓰세요.

4 수원 화성에 대한 설명으로 맞는 것을 모두 고르세요.

① 건설의 총책임은 채제공이, 성 쌓는 일은 정약용이 맡았어요.
② 정조의 명령으로 1794년에 짓기 시작해 1796년에 완성되었어요.
③ 6·25 전쟁으로 크게 훼손되어 지금은 볼 수 없어요.
④ 유네스코 세계 유산으로 등재되어 있어요.

역사 용어

채제공 조선 영조·정조 때의 문신으로, 정조 때는 최고의 관직인 영의정을 지냄.
거중기 도르래를 이용해 무거운 물건을 들어올리는 데 사용한 기구.

청나라에 다녀온 박제가

'가난한 백성들을 도울 수 있는 방법이 없을까?'

조선의 선비 박제가는 가난한 백성들을 보며 안타까워했어요. 그러던 중 조선의 사절단*을 따라 청나라에 가게 되었어요. 당시 청나라는 서양과 교류하며 서양에서 들여온 새로운 문물과 과학 지식이 넘쳐 나고 있었지요. 물건과 사람들을 실어 나르는 수레가 거리를 가득 메우고, 시장은 사람들로 북적거렸어요.

청나라에서 돌아온 박제가는 청나라에서 보고 배운 것을 책으로 썼어요. 그 책이 바로 《북학의》예요. 박제가는 서양의 문물과 기술을 받아들인 청나라를 배워 과학 기술과 상업, 무역을 발전시켜야 한다고 주장했어요. 그래야 백성을 가난에서 구하고, 조선을 잘사는 나라로 만들 수 있다고 했지요. 특히 수레와 벽돌을 많은 사람이 쓸 수 있도록 해야 한다고 주장했어요.

박제가처럼 청나라의 문물을 배우고 상공업을 발전시키자고 주장하는 이덕무*, 유득공 같은 학자들을 '북학파'라고 해요.

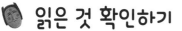
1 박제가가 본 청나라의 모습으로 알맞은 것에 ○ 하세요.

> 새로운 문물과
> 과학 지식이 넘쳐 났어요.

> 옛것을 잘 지켜야 한다고
> 주장하는 유학자들이 넘쳐 났어요.

2 박제가가 청나라에서 보고 배운 것을 적은 책의 이름을 쓰세요.

3 박제가가 주장한 것을 모두 고르세요.

① 서양의 문물과 기술을 받아들인 청나라를 배워야 한다고 했어요.
② 과학 기술과 상업, 무역을 발전시켜야 한다고 했어요.
③ 농사를 많이 지을 수 있게 농사짓는 땅을 늘려야 한다고 했어요.
④ 수레와 벽돌을 사용하면 안 된다고 했어요.

4 다음과 같이 주장하는 사람들을 무엇이라고 부르는지 빈칸에 알맞은 말을 쓰세요.

> 청나라의 문물을 배우고, 상공업을 발전시키자고 주장하는
>
> 박제가, 이덕무, 유득공 같은 학자들을 　　　　　　라고 해요.

역사용어

사절단 나라를 대표하여 임무를 가지고 외국으로 가는 사람들의 무리.
이덕무 조선 후기의 학자이자 시인으로, 청나라에서 공부하고 돌아와 북학 발전의 기초를 마련함.

정약용은 무슨 일을 했을까요?

정약용은 실학을 연구하는 실학자였어요. 정약용은 정조가 수원에 있는 사도 세자의 능에 행차할 때 한강에 30여 척의 배를 나란히 붙여 배다리를 놓았어요. 또 수원 화성을 쌓을 때는 무거운 돌을 쉽게 들어올릴 수 있는 거중기를 만들었어요.

정약용은 정조가 가장 아끼는 신하였어요. 그러나 정조가 세상을 떠나자 정약용은 천주교를 믿는다는 이유로 귀양*을 가게 되었어요. 귀양 간 곳에서 정약용은 힘들게 살고 있는 백성들을 보았어요.

정약용은 나라가 바로 서기 위해서는 토지 제도를 바꾸어야 한다고 생각했어요. 이런 생각을 담아 《경세유표》를 썼어요. 또한 암행어사와 곡산 원님으로 일했을 때를 떠올리며 《목민심서》를 썼어요. 《목민심서》에는 고을 수령*이 지켜야 할 행동과 태도, 마음가짐 등이 쓰여 있어요.

정약용은 백성들의 실제 생활에 도움이 되는 실학을 연구하며 500여 권의 책을 남겼어요.

정약용 초상

1800년	1801년	1817년	1818년
정조가 세상을 떠남.	정약용이 강진으로 귀양을 감.	정약용이 《경세유표》를 씀.	정약용이 《목민심서》를 완성함.

읽은 것 확인하기

1 글을 읽으면서 알맞은 말에 ○ 하세요.

> 정약용은 실학을 연구하는 (지리학자 / 실학자)였어요.

2 정약용이 한 일을 모두 고르세요.

① 가난하고 힘없는 백성들에게 곡식을 나누어 주었어요.
② 수원 화성을 쌓을 때 거중기를 만들었어요.
③ 한강에 배다리를 놓았어요.
④ 실학을 연구하며 500여 권을 책을 남겼어요.

3 정약용이 귀양을 가게 된 이유가 무엇인지 빈칸에 알맞은 말을 쓰세요.

> 정약용은 _____ 를 믿는다는 이유로 귀양을 가게 되었어요.

4 정약용이 쓴 책의 내용으로 알맞은 것을 찾아 줄로 이으세요.

《목민심서》　•　　　•　고을 수령이 지켜야 할
　　　　　　　　　　　　행동, 태도 등이 담겨 있어요.

《경세유표》　•　　　•　토지 제도를 바꾸어야 한다는
　　　　　　　　　　　　생각이 담겨 있어요.

역사 용어

귀양 죄지은 사람을 먼 시골이나 섬으로 보내 일정한 기간 동안 그곳에서 살게 하는 벌.
수령 각 고을을 맡아 다스리던 지방 관리로 사또, 원님이라고도 함.

백성들의 살아가는 모습이 담긴 풍속화

　조선 후기에는 백성들이 살아가는 모습을 그린 풍속화가 유행했어요. 풍속화에는 시장, 주막, 대장간 등에서 일하는 백성들의 모습뿐 아니라 양반들의 생활 모습이 재미있으면서도 생생하게 그려져 있어요. 그중 김홍도와 신윤복의 풍속화가 유명해요.

　도화서* 화원*이었던 김홍도는 임금의 초상화인 어진을 세 번이나 그렸을 정도로 뛰어난 실력을 가지고 있었는데, 풍속화도 잘 그렸어요. 김홍도는 백성들의 일상생활 모습을 빠른 붓놀림으로 간결하면서도 투박하게 표현했어요.

　김홍도로부터 영향을 받은 신윤복은 양반들과 여인들의 모습을 부드러운 선과 아름다운 색으로 표현했어요. 그리고 점잖은 척하면서 늦은 밤 여인을 불러내어 노는 모습, 뇌물을 받는 관리의 모습 등을 그려 양반 사회를 비판했어요.

　풍속화를 통해 당시의 생활 모습과 옷차림 등을 알 수 있어요.

김홍도 〈서당〉

신윤복 〈단오풍정〉

1776년	1784년	1813년
정조가 왕위에 오름.	김홍도가 《단원도》를 그림.	신윤복이 《행려풍속도병》을 그림.

읽은 것 확인하기

1 무엇에 대한 설명인지 빈칸에 알맞은 말을 쓰세요.

조선 후기에는 백성들이 살아가는 모습을 그린 ☐☐☐ 가 유행했어요.

2 글을 읽으면서 알맞은 말에 ○ 하세요.

김홍도는 (규장각 / 도화서) 화원으로, 임금의 초상화인

(어진 / 서진)을 세 번이나 그렸어요.

3 다음 설명에 알맞은 풍속화가를 찾아 줄로 이으세요.

| 백성들의 일상생활 모습을 빠른 붓놀림으로
간결하면서도 투박하게 표현했어요. | • | | • | 김홍도 |
| 양반들과 여인들의 일상을
부드러운 선과 아름다운 색으로 표현했어요. | • | | • | 신윤복 |

4 풍속화에 대한 설명으로 맞으면 ○, 틀리면 × 하세요.

(1) 백성들의 생활 모습이 생생하게 그려져 있다. 　　　　　　(　　)
(2) 양반들의 생활 모습은 그리지 않았다. 　　　　　　(　　)
(3) 그림 실력이 부족한 사람이 그리는 그림이었다. 　　　　　　(　　)
(4) 풍속화를 통해 당시의 생활 모습과 옷차림 등을 알 수 있다. 　　(　　)

역사용어

도화서 조선 시대 때, 그림 관련 일을 맡아보던 관아.
화원 도화서에서 그림 그리는 일을 하던 직업 화가.

조선 사람 모두가 즐긴 판소리

판소리는 무대를 뜻하는 '판'과 노래를 뜻하는 '소리'를 합친 말로, 긴 이야기를 노래로 들려주는 공연이에요. 소리꾼이 북을 치는 고수[*]의 북장단에 맞추어 노래를 부르는데, 여기에 말과 몸짓을 곁들여 이야기를 실감나게 표현해요. 고수와 판소리를 보는 구경꾼들은 '얼씨구', '절씨구', '좋다', '잘한다' 등의 추임새를 넣으며 함께 어울려요.

판소리는 백성들이 많이 모인 장터 같은 곳에서 공연하며 인기를 끌었어요. 재미있다고 소문이 나면서 양반들도 판소리를 즐기게 되었어요. 소리꾼들은 양반집 잔치에 불려 가 공연을 하기도 했어요. 임금 앞에서 공연을 하고 상을 받은 소리꾼도 있었지요. 판소리는 조선 사람 모두가 즐기는 문화가 되었어요.

원래 판소리는 열두 마당이 있었는데, 현재는 〈심청가〉, 〈흥보가〉, 〈춘향가〉, 〈적벽가〉, 〈수궁가〉만 전해지고 있어요.

판소리를 하는 소리꾼과 고수

1776년	1786년	1796년
규장각을 설치함.	나라에서 서학을 금함.	수원 화성을 완공함.

읽은 것 확인하기

1 판소리가 무엇인지 빈칸에 알맞은 말을 쓰세요.

　　　　　　이 북을 치는　　　　　　의 북장단에 맞추어

긴 이야기를 노래로 들려주는 공연이에요.

2 고수와 판소리를 보는 구경꾼들이 하는 추임새를 쓰세요.

3 판소리에 대한 설명으로 맞는 것을 모두 고르세요.

① 백성들이 많이 모이는 장터 같은 곳에서 공연했어요.
② 소리꾼들은 양반집 잔치에 불려 가 공연을 하기도 했어요.
③ 임금 앞에서 공연을 하고 상을 받은 소리꾼도 있었어요.
④ 양반들은 천하다고 무시해 서민들만 즐겼어요.

4 현재까지 전해지는 판소리 다섯 마당을 모두 쓰세요.

역사용어

고수 북이나 장구를 치는 사람.

서민들이 즐겨 읽은 한글 소설

조선 후기에는 한글이 널리 퍼져 한글을 읽을 줄 아는 서민과 여성이 많아졌어요. 이들은 한글로 된 책을 즐겨 읽었지요.

사람이 많은 곳에서 책을 읽어 주는 '전기수'라는 직업이 생겨났고, 돈을 받고 책을 빌려주는 '세책가'라는 곳도 생겼어요.

특히 《홍길동전》, 《춘향전》 같은 한글 소설이 인기가 있었는데, 서민들의 소망과 양반에 대한 비판이 담겨 있어요.

우리나라 최초의 한글 소설로 알려진 허균*의 《홍길동전》은 서얼 출신인 홍길동이 의로운 도적이 되어 못된 관리를 혼내 주고, 율도국이라는 새로운 나라를 세운다는 내용이에요. 신분 제도를 비판하고, 못된 관리의 잘못을 꼬집고 있어요.

《춘향전》은 천한 신분인 기생의 딸 춘향과 양반집 도령 이몽룡의 사랑 이야기로 신분 차별을 비판하고 있어요.

이 밖에도 《콩쥐팥쥐전》, 《흥부전》, 《심청전》, 《장화홍련전》 등의 한글 소설이 있었어요.

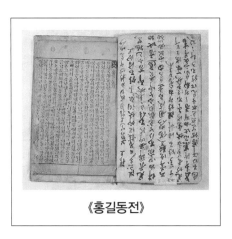

《홍길동전》

1776년	1786년	1796년
규장각을 설치함.	나라에서 서학을 금함.	수원 화성을 완공함.

읽은 것 확인하기

1 허균이 쓴 우리나라 최초의 한글 소설 이름을 쓰세요.

2 《홍길동전》의 내용에 맞게 빈칸에 들어갈 말을 〈보기〉에서 찾아 번호를 쓰세요.

> 보기   ① 율도국   ② 서얼   ③ 관리   ④ 도적

• (   ) 출신의 홍길동이 의로운 (   )이 되어 못된 (   )를
혼내 주고, (   )이라는 새로운 나라를 세운다는 이야기예요.

3 한글 소설이 아닌 것을 찾아 × 하세요.

> 《춘향전》   《양반전》   《흥부전》   《심청전》   《콩쥐팥쥐전》

4 한글 소설에 대한 설명으로 맞으면 ○, 틀리면 × 하세요.

(1) 한글이 널리 퍼져 서민과 여성들이 한글 소설을 많이 읽었다.   (   )
(2) 한글 소설은 서민들에게 인기가 없었다.   (   )
(3) 《춘향전》은 한글 소설로 인기가 있었다.   (   )
(4) 한글 소설에는 서민들의 소망과 양반에 대한 비판이 담겨 있다.   (   )

> 🚩 **역사용어**
>
> 허균 조선 시대의 문신으로, 서얼, 기생, 천민 등 신분이 낮은 사람들에게 관심이 많았음.

조선에 전해진 서학

　조선 후기 청나라에 다녀온 사신들은 조선에 새로운 서양 문물을 가져왔어요. 과학 기술책은 물론 미리 정해 놓은 시각에 소리가 나는 시계인 '자명종', 천체나 지형을 살피는 데 사용한 망원경인 '천리경' 등을 들여와 소개했지요. 이와 함께 천주교의 교리를 담은 《천주실의》 같은 책도 가져왔어요.

　서양의 학문과 과학 기술, 종교에 대해 관심을 갖고 연구하는 것을 '서학'이라고 해요. 천주교도 서학의 하나였지요.

　조선에 천주교가 전해진 뒤 천주교를 믿는 사람들이 점점 늘어났어요. 정약용, 이벽을 비롯한 학자들은 물론 상민과 중인, 부녀자들도 믿었어요. 천주교는 모든 사람은 평등하고, 착하게 살면 누구나 천국에 갈 수 있다고 가르쳤어요. 이 때문에 엄격한 신분 제도로 차별받던 많은 사람에게 희망을 주었지요.

　천주교를 믿는 사람들이 늘어나자 나라에서는 천주교를 금지하고 탄압했어요. 천주교의 평등 사상과 제사를 지내지 않는 것이 조선의 신분 제도와 유교 정신을 무너뜨린다고 생각했기 때문이에요.

자명종

천리경

1631년	1784년	1786년
정두원이 천리경, 자명종을 들여옴.	이승훈이 천주교를 전도함.	나라에서 서학을 금지함.

읽은 것 확인하기

1. 서양 문물 중 무엇에 대한 설명인지 〈보기〉에서 찾아 번호를 쓰세요.

> 보기　　①《천주실의》　　② 자명종　　③ 천리경

- 천체나 지형을 살피는 데 사용한 망원경　　　　　　　　(　　　　)
- 미리 정해 놓은 시각에 소리가 나는 시계　　　　　　　(　　　　)
- 천주교의 교리를 담은 책　　　　　　　　　　　　　　(　　　　)

2. 서양의 학문, 과학 기술, 종교에 대해 연구하는 것을 무엇이라고 하는지 쓰세요.

3. 글을 읽으면서 알맞은 말에 ○ 하세요.

> 천주교는 모든 사람은 (평등 / 가난)하고, 착하게 살면 누구나
> (천국 / 서양)에 갈 수 있다고 가르쳤어요.

4. 나라에서 천주교를 금지하고 탄압한 이유로 맞는 것을 모두 고르세요.

① 천주교의 평등 사상이 조선의 신분 제도를 무너뜨린다고 생각해서
② 천주교를 믿으면 나라 살림이 어려워진다고 생각해서
③ 천주교를 믿는 사람들이 제사를 지내지 않아 유교 정신을 무너뜨린다고 생각해서

역사 용어

탄압 권력으로 억지로 눌러 꼼짝 못 하게 함.

김정호와 〈대동여지도〉

조선 후기에 태어난 김정호는 어려서부터 지도와 지리에 관심이 많았어요. 그런데 그때까지 나온 지도는 정확하지 않고 잘못 표시된 것이 많았어요. 김정호는 정확한 지도를 만들기로 마음먹고 실학자 최한기를 찾아갔어요. 최한기는 김정호에게 옛 지도와 많은 지리책을 보여 주었어요. 김정호는 최한기의 도움으로 〈청구도〉라는 두 권짜리 지도를 만들었어요.

〈청구도〉를 만든 후에 김정호는 또다시 여러 지리책을 보며 연구하고 정리한 내용을 담아 지도를 완성했어요.

'목판에 새겨 찍어 내면 지도를 더 빠르고 쉽게 만들 수 있을 거야.'

김정호는 완성된 지도를 목판에 새기고 찍어 내 모두 22첩 126장의 〈대동여지도〉를 완성했어요.

〈대동여지도〉에는 우리나라의 산과 길, 물길 등이 정확하고 자세히 그려져 있고, 다양한 정보가 기호로도 표시되어 있어요. 22첩의 〈대동여지도〉를 펼쳐 세로로 이어 붙이면 우리나라 전체의 모습을 한눈에 볼 수 있는 큰 지도가 되지요.

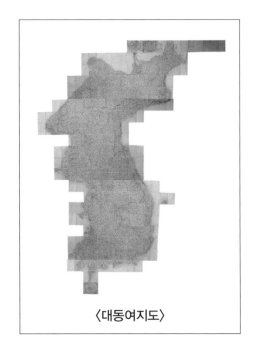

〈대동여지도〉

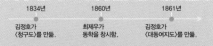

1834년 · 김정호가 〈청구도〉를 만듦.

1860년 · 최제우가 동학을 창시함.

1861년 · 김정호가 〈대동여지도〉를 만듦.

읽은 것 확인하기

1 김정호가 지도를 만드는 데 도움을 준 실학자가 누구인지 ○ 하세요.

> 최한기

> 김홍도

2 김정호가 최한기의 도움을 받아 만든 지도의 이름을 쓰세요.

김정호는 [   ]라는 두 권짜리 지도를 만들었어요.

3 김정호가 목판에 새겨 찍어 낸 지도의 이름을 쓰세요.

4 〈대동여지도〉에 대한 설명으로 맞는 것을 모두 고르세요.

① 우리나라의 산과 길, 물길 등이 정확하고 자세히 그려져 있어요.
② 다양한 정보가 기호로 표시되어 있어요.
③ 손으로 그린 하나밖에 없는 지도예요.
④ 지도를 펼쳐 세로로 이어 붙이면 우리나라 전체의 모습을 볼 수 있어요.

역사 용어

최한기 조선 후기의 실학자로, 서양 과학이나 의학을 소개하는 책을 많이 남김.

자유롭지 못한 조선 여성들의 생활

　고려 시대 여성은 남성과 똑같이 재산을 물려받고 재혼도 자유롭게 할 수 있었어요. 그런데 조선 시대 여성은 유교의 영향으로 자유롭게 사회생활을 할 수 없었고, 재산을 물려받을 때도 남성과 차별받았어요.

　조선에서는 여성이 결혼을 하면 남편의 집으로 가서 시부모를 모시고 살며 시집살이를 해야 했어요.

　여성은 어렸을 때는 아버지를 따르고, 결혼해서는 남편을 따르고, 늙어서는 아들을 따라야 한다는 '삼종지도'를 강요받았어요. 남편이 죽더라도 재혼을 하면 차별을 받았고, 외출할 때는 장옷* 등으로 얼굴을 가려야 했지요.

　남성들은 주로 관리가 되기 위해 유학 교육을 받았지만, 양반 여성들은 자식을 키우고 집안일을 할 때 필요한 교육만 받았지요.

　상민과 천민 여성은 집안일과 농사일을 모두 하며 힘들게 살았어요.

신윤복 〈장옷 입은 여인〉

신윤복 〈저잣길〉

1477년	1784년	1786년
과부의 재혼을 금지함.	이승훈이 천주교를 전도함.	나라에서 서학을 금함.

읽은 것 확인하기

1 글을 읽으면서 알맞은 말에 ○ 하세요.

> 조선 시대 여성은 (유교 / 불교)의 영향으로
> 자유롭게 사회생활을 할 수 (있었어요 / 없었어요).

2 조선 시대 여성이 결혼하여 남편 집에서 시부모를 모시고 사는 것을 무엇이라고 하는지 쓰세요.

3 삼종지도에 맞게 빈칸에 들어갈 말을 〈보기〉에서 찾아 번호를 쓰세요.

> 보기　　① 남편　　② 아버지　　③ 아들

• 조선 시대 여성은 어렸을 때는 (　　　　)를 따르고, 결혼해서는 (　　　　)을 따르고, 늙어서는 (　　　　)을 따라야 한다는 '삼종지도'를 강요받았어요.

4 조선 시대 여성의 생활 모습으로 맞는 것을 모두 고르세요.

① 양반 여성들은 남성과 똑같은 교육을 받았어요.
② 양반 여성들은 남편이 죽더라도 재혼을 하면 차별받았어요.
③ 양반 여성들은 외출할 때 장옷으로 얼굴을 가려야 했어요.
④ 상민과 천민 여성들은 집안일과 농사일을 모두 해야 했어요.

역사용어

장옷 두루마기처럼 생긴 옷으로, 여성들이 외출할 때 얼굴을 가리는 데 사용함.

의로운 여인 김만덕

제주도 상민의 딸로 태어난 김만덕은 어려서 부모님을 잃고 기생이 되었어요. 20세가 된 만덕은 관리의 도움으로 상민의 신분을 되찾았어요. 그 후 상인이 된 만덕은 제주도의 물건을 육지의 상인들에게 팔아 큰돈을 벌었어요.

어느 해 제주도에 큰 흉년이 들었어요. 나라에서 급히 곡식을 보냈는데, 곡식을 싣고 가던 배가 풍랑에 가라앉고 말았어요. 제주도에는 굶어 죽는 사람들로 넘쳐 났어요.

'제주도 백성들을 도울 방법이 없을까?'

만덕은 자신의 돈으로 육지에서 쌀을 사 와 제주도 백성들에게 아낌없이 나누어 주었어요. 만덕 덕분에 많은 백성이 목숨을 구했지요.

만덕의 의로운 일을 들은 정조는 만덕을 크게 칭찬하고 금강산을 유람하고 싶다는 만덕의 소원을 들어주었어요. 그리고 만덕의 선행을 글로 남기도록 했어요. 이에 영의정 채제공이 〈만덕전〉*을 지어 만덕의 일을 널리 알렸지요.

1795년	1796년	1812년
김만덕이 쌀을 나누어 줌.	김만덕의 선행이 정조에게 보고됨.	김만덕이 세상을 떠남.

읽은 것 확인하기

1 김만덕에 대한 설명이 맞도록 빈칸에 들어갈 말을 〈보기〉에서 찾아 쓰세요.

보기　　상인　　기생

• 김만덕은 어려서 부모님을 잃고 [　　　　　]이 되었어요. 상민의 신분을 되

　찾은 후에는 제주도의 물건을 육지에 파는 [　　　　　]이 되었어요.

2 김만덕이 한 일로 맞는 것에 ○ 하세요.

육지에서 쌀을 사 와 제주도
백성들에게 나누어 주었어요.

흉년이 들자 육지로 곡식을
가지고 나가 팔았어요.

3 김만덕의 일을 널리 알리기 위해 채제공이 지은 작품의 이름을 쓰세요.

4 김만덕의 일생에 맞게 차례대로 번호를 쓰세요.

기생의 신분에서
벗어나 상인이 되어
큰돈을 벌었다.

어려서 부모님을
잃고, 기생이
되었다.

흉년이 들자 백성들에
게 아낌없이 쌀을
나누어 주었다.

의로운 일을 하여
정조에게
칭찬을 들었다.

역사 용어

〈만덕전〉 채제공이 지은 《번암집》에 실려 있는 작품으로, 김만덕의 선행이 담겨 있음.

세도 정치로 흔들리는 조선

정조의 뒤를 이어 순조가 왕위에 올랐어요. 순조는 11세밖에 되지 않아 한동안 정순 대비가 수렴청정*을 했어요. 그 뒤에는 순조의 장인인 김조순*이 나랏일을 도맡아 했지요.

김조순은 안동 김씨로, 중요한 벼슬자리를 모두 집안 사람들에게 맡겼어요. 힘없는 왕 대신 안동 김씨 사람들이 마음대로 나랏일을 했어요. 이때부터 왕실과 혼인 관계를 맺은 몇몇 가문이 권력을 잡고 나랏일을 제멋대로 하는 '세도 정치'가 시작되었어요.

순조의 뒤를 이어 8세의 헌종이 왕이 되었어요. 이때는 헌종의 외가인 풍양 조씨 집안이 권력을 잡았어요.

헌종이 죽자 안동 김씨 사람들은 강화도에서 농사를 짓던 왕족 이원범을 찾아 왕의 자리에 앉혔어요. 안동 김씨 가문은 이렇게 왕이 된 철종을 대신해 마음대로 나라를 다스렸어요.

세도 정치는 순조에서 헌종, 철종까지 60여 년 동안 계속되었어요. 세도 정치가 이루어지는 동안 권력을 잡은 집안 사람들이 돈을 받고 벼슬을 팔거나 하며 나라가 흔들리게 되었어요.

김조순의 집을 그린 〈옥호정도〉

1800년	1811년	1834년	1849년
순조가 왕위에 오름.	홍경래의 난	헌종이 왕위에 오름.	철종이 왕위에 오름.

읽은 것 확인하기

1 왕실과 혼인 관계를 맺은 몇몇 가문이 권력을 잡고 나랏일을 제멋대로 하는 것을
무엇이라고 하는지 쓰세요.

　　　　　정치

2 다음의 왕과 관계있는 세도 정치 가문을 찾아 줄로 이으세요.

순조 •

헌종 •

철종 •

　　　　• 안동 김씨

　　　　• 풍양 조씨

3 글을 읽으면서 빈칸에 알맞은 숫자를 쓰세요.

세도 정치는 순조에서 헌종, 철종까지 ＿＿＿＿＿＿＿＿＿＿ 여 년 동안
계속되었어요.

4 세도 정치의 문제점을 모두 고르세요.

① 몇몇 가문이 나랏일을 마음대로 했어요.
② 왕이 되려고 신하들 사이에 싸움이 일어났어요.
③ 권력을 잡은 집안 사람들이 돈을 받고 벼슬을 팔았어요.
④ 세도 정치가 계속되면서 왕의 힘이 강해졌어요.

역사 용어

수렴청정 임금이 나이가 어릴 때, 왕대비나 대왕대비가 임금을 도와 나랏일을 돌보던 것.
김조순 순조의 장인으로, 안동 김씨 세도 정치의 기반을 닦음.

세금으로 고통받는 백성들

백성들은 나라에 '전세'와 '군포'를 냈어요. 전세는 농사를 짓는 토지에 대한 세금이고, 군포는 남자 어른이 군대에 가지 않는 대신 삼베나 무명을 내는 세금이었어요.

세도 정치가 계속되자 못된 관리들은 백성들에게 세금을 많이 거두었어요. 농사를 짓지 못하는 땅에도 전세를 내게 하고, 내야 하는 것보다 더 많이 거두어 갔어요. 또 갓난아이나 죽은 사람의 군포까지 거두었어요. 그러다 보니 원래 남자 어른 한 명이 해마다 한 필씩만 내면 되던 것을 두세 필씩 내야 했어요.

백성들은 '환곡' 때문에도 힘들었어요. 환곡은 나라에서 양식이 떨어지는 봄에 백성에게 곡식을 빌려주었다가, 가을에 이자를 붙여서 갚게 하는 제도였어요. 그러나 못된 관리들은 억지로 곡식을 빌려주고 몇 배의 이자를 받았어요. 곡식을 빌려줄 때 지푸라기나 나뭇가지를 섞어서 주고, 거두어들일 때는 깨끗한 곡식으로만 받기도 했지요.

전세, 군포, 환곡은 백성들에게 큰 고통을 주었어요.

1800년	1811년	1834년	1849년
순조가 왕위에 오름.	홍경래의 난	헌종이 왕위에 오름.	철종이 왕위에 오름.

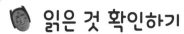

읽은 것 확인하기

1 다음은 무슨 세금에 대한 설명인지 빈칸에 쓰세요.

(1) 농사를 짓는 토지에 대한 세금:

(2) 군대에 가지 않는 대신 삼베나 무명을 내는 세금:

2 전세와 군포 때문에 백성들이 겪은 고통으로 맞으면 ○, 틀리면 ✕ 하세요.

(1) 농사를 짓지 못하는 땅에도 전세를 내게 했다.   (   )
(2) 갓난아이에게는 군포를 물리지 않았다.   (   )
(3) 한 명이 해마다 군포를 두세 필씩 내야 했다.   (   )
(4) 죽은 사람의 군포까지 거두었다.   (   )

3 글을 읽으면서 알맞은 말에 ○ 하세요.

> 환곡은 나라에서 양식이 떨어지는 (봄 / 겨울)에 백성에게 곡식을
> 빌려주었다가, 가을에 (이자 / 세금)를/을 붙여서 갚게 하는 제도예요.

4 못된 관리들이 환곡으로 백성들을 어떻게 괴롭혔는지 알맞은 것에 ○ 하세요.

> 억지로 곡식을 빌려주고
> 이자를 몇 배로 받아 갔어요.

> 가을에 많이 빌려주고,
> 봄에 반만 받아 갔어요.

역사용어

필 일정한 길이로 말아 놓은 옷감 등을 세는 단위.

평안도에서 일어난 홍경래의 난

　평안도는 예로부터 청나라와의 무역이 활발하고, 금과 은이 많이 나는 곳이었어요. 그러나 나라에서는 평안도 사람들을 오랫동안 차별했어요. 세금을 많이 거두었고, 관직도 잘 주지 않았어요. 그러다 보니 평안도 사람들의 불만이 컸어요.

　평안도 양반인 홍경래도 몇 차례 과거 시험에 떨어진 뒤 불만을 갖게 되었어요. 그는 평안도 지역을 돌아다니며 나라에 불만을 가진 노비, 상민, 중인 등을 모았어요. 그리고 10년 동안 난을 일으킬 준비를 했어요.

　"나라에서는 평안도를 차별했다. 세도 정치로 나라의 기강이 무너지고 못된 관리들이 괴롭혀 더 이상 참을 수 없다."

　1811년, 마침내 홍경래가 난을 일으켰어요. 홍경래가 이끄는 농민군들은 정주, 선천 등 서북쪽 지방을 차지했어요. 그러나 얼마 뒤 나라에서 보낸 관군에게 밀려 정주성[*]에서 패하고 말았어요. 하지만 홍경래의 난은 농민들에게 관리들의 횡포에 맞서 싸워야 한다는 생각을 갖게 했어요. 홍경래의 난은 뒤에 임술 농민 봉기[*]에 큰 영향을 주었어요.

관군과 홍경래가 이끄는 봉기군이
대치하는 모습을 그린 〈순무영진도〉

1800년	1811년	1862년
순조가 왕위에 오름.	홍경래의 난	임술 농민 봉기

읽은 것 확인하기

1 글을 읽으면서 알맞은 말에 ○ 하세요.

> 나라에서는 오랫동안 (평안도 / 함경도) 사람들을 차별했어요.
>
> 세금을 많이 거두었고, (관직 / 상금)도 잘 주지 않았어요.

2 평안도 양반으로, 1811년에 난을 일으킨 사람을 쓰세요.

3 홍경래가 난을 일으킨 이유로 맞는 것을 모두 고르세요.

① 평안도 지역을 다스리고 싶었기 때문에
② 평안도 사람들이 오랫동안 차별받았기 때문에
③ 세도 정치로 나라의 기강이 무너졌기 때문에
④ 못된 관리들이 백성을 괴롭혔기 때문에

4 빈칸에 들어갈 말을 〈보기〉에서 찾아 번호를 쓰세요.

보기   ① 만적의 난   ② 이괄의 난   ③ 임술 농민 봉기

• 홍경래의 난은 (   )에 큰 영향을 주었어요.

역사용어

관군 조선 시대에 나라의 관청에 소속되어 있던 군사.
정주성 평안도 정주에 있는 성으로, 성의 서장대에서 홍경래가 농민군을 지휘했음.
임술 농민 봉기 임술년인 1862년에 지나친 세금과 관리들의 횡포로 인해 충청도, 경상도, 전라도
등에서 일어난 크고 작은 농민 반란을 가리킴.

동학을 창시한 최제우

　세도 정치 기간 동안 나라는 혼란스럽고, 백성들의 생활은 매우 어려웠어요.

　이 무렵 서양의 여러 나라가 조선에 와 무역을 하자고 했어요. 백성들은 서양의 오랑캐가 쳐들어올 거라며 불안에 떨었어요.

　이때 최제우는 서양의 침입으로부터 우리 것을 지키고 고통받는 백성들을 구할 종교가 필요하다고 생각했어요. 그는 천주교인 서학은 우리 것을 해쳐 나라를 위태롭게 하고, 성리학으로는 나라를 새롭게 바꾸기 어렵다고 생각했지요. 그래서 민간 신앙과 불교, 유교, 도교를 합하여 서학에 맞서는 새로운 종교인 '동학'을 창시했어요.

　'사람이 곧 하늘이다.'라는 동학의 '인내천 사상'은 모든 사람이 평등하고 귀하다는 생각을 퍼뜨렸어요. 또 '지금의 세상이 끝나고 새로운 세상이 열릴 것이다.'라는 '후천 개벽 사상'은 힘들게 살아가는 백성에게 새로운 희망을 주었어요.

　나라에서는 동학이 신분 제도를 무너뜨리고 백성을 속이는 종교라며 금지했어요. 그리고 최제우를 잡아 처형했지요. 하지만 백성들 틈에 들어간 동학은 뒤에 동학 농민 운동으로 이어졌어요.

동학을 창시한 최제우

1860년	1862년	1864년	1894년
최제우가 동학을 창시함.	임술 농민 봉기	최제우가 처형을 당함.	동학 농민 운동

읽은 것 확인하기

1 최제우가 서학에 맞서기 위해 창시한 종교를 쓰세요.

<table>
<tr><td></td><td></td></tr>
<tr><td></td><td></td></tr>
</table>

2 글을 읽으면서 알맞은 말에 ○ 하세요.

> 최제우는 (동학 / 서학)은 우리 것을 해쳐 나라를 위태롭게 하고,
> (성리학 / 민간 신앙)으로는 나라를 새롭게 바꾸기 어렵다고 생각했어요.

3 빈칸에 알맞은 동학 사상을 〈보기〉에서 찾아 번호를 쓰세요.

보기　　① 후천 개벽　　② 홍익인간　　③ 인내천

- (　　　　) 사상은 '사람이 곧 하늘이다.'라는 뜻으로, 모든 사람이 평등하고 귀하다는 생각을 퍼뜨렸어요.

- (　　　　) 사상은 '지금의 세상이 끝나고 새로운 세상이 열릴 것이다.'라는 뜻으로, 힘들게 살아가는 백성에게 새로운 희망을 주었어요.

4 나라에서 동학을 금지한 이유로 알맞은 것에 ○ 하세요.

> 서학에 맞섰기 때문에

> 신분 제도를 무너뜨릴 수 있다고 생각했기 때문에

역사 용어

민간 신앙 민간에서 옛날부터 전하여 내려오는 신앙.
창시 어떤 사상이나 종교를 처음으로 시작함.

흥선 대원군의 개혁

철종의 뒤를 이어 12세의 고종이 왕이 되었어요. 어린 고종을 대신해 왕의 아버지인 흥선 대원군이 나라를 다스렸어요.

흥선 대원군은 가장 먼저 세도 정치로 흐트러진 나라를 바로 세우고자 했어요. 안동 김씨 사람들을 몰아내고 붕당, 지역, 집안을 따지지 않고 새로운 인재들을 뽑았어요.

또 나라의 살림살이를 늘리기 위해 군포를 내지 않던 양반들에게도 군포를 거두었어요. 이뿐만 아니라 세금을 내지 않아 나라 살림을 어렵게 한 수백 개에 이르는 서원*을 정리했어요. 흥선 대원군이 펼친 개혁 정책은 백성들에게 환영을 받았어요.

흥선 대원군은 왕실의 권위를 바로 세우기 위해 임진왜란 때 불탄 경복궁을 다시 지었어요. 하지만 공사가 길어지고, 비용을 마련하기 위해 여러 가지 세금을 거두면서 백성들의 원망을 사게 되었지요. 특히 공사 비용을 마련하기 위해 당백전*이라는 화폐를 새로 만들었는데, 당백전은 나라의 경제를 혼란스럽게 만들었어요.

흥선 대원군

1863년	1865년	1866년	1873년
고종이 왕위에 오름.	경복궁을 다시 짓기 시작함.	제너럴셔먼호 사건 병인양요	흥선 대원군이 물러남.

📖 읽은 것 확인하기

1 어린 고종을 대신해 나라를 다스린 사람을 쓰세요.

　　　| | | |　　| | | |

2 흥선 대원군이 개혁을 실시한 이유로 알맞은 것에 ○ 하세요.

> 세도 정치로 흐트러진 나라를
> 바로 세우기 위해서

> 나라 여기저기에서 일어난
> 반란을 없애기 위해서

3 흥선 대원군이 실시한 개혁 정책을 모두 고르세요.

① 안동 김씨 사람들을 몰아내고 새로운 인재들을 뽑았어요.
② 수백 개에 이르는 서원을 정리했어요.
③ 양반들에게도 군포를 거두었어요.
④ 노비들을 모두 없앴어요.

4 흥선 대원군이 한 일에 맞게 빈칸에 들어갈 말을 〈보기〉에서 찾아 쓰세요.

> 보기　　당백전　　경복궁　　서원

• 왕실의 권위를 세우기 위해 [　　　　　　　]을 다시 지었어요.

• 경복궁 짓는 비용을 마련하기 위해 [　　　　　　　]을 새로 만들었어요.

🚩 **역사용어**

서원 선비들이 학문을 닦으며 유학자에게 제사를 지내던 교육 기관.
당백전 1866년에 만들어진 화폐로, 6개월 만에 폐지되었음.

병인양요와 신미양요

1866년에 프랑스 군함이 강화도에 쳐들어왔어요. 프랑스가 쳐들어오기 몇 개월 전에 흥선 대원군이 프랑스 선교사와 천주교도를 죽였는데, 프랑스는 이 일을 따지며 자기네와 무역할 것을 요구했지요.

양헌수가 이끄는 조선군은 정족산성에서 프랑스군을 크게 무찔렀어요. 프랑스군은 떠나면서 강화도 외규장각[*]에 있던 책과 문화재를 훔쳐 갔어요. 이 사건이 '병인양요'예요.

1871년에는 미국 군함이 강화도에 쳐들어왔어요. 1866년에 무역을 하자며 행패를 부리는 미국의 제너럴셔먼호를 평양 백성들이 불태워 버린 사건을 핑계로 쳐들어온 것이지요.

어재연이 이끄는 조선군은 강화도 광성보에서 미군의 공격을 끈질기게 버텨 냈어요. 죽음을 무릅쓰고 싸우는 조선군에 놀란 미국 군함은 결국 물러났어요. 이 사건이 '신미양요'예요.

병인양요와 신미양요를 겪은 뒤 흥선 대원군은 전국에 척화비[*]를 세우고, 서양과 절대로 교류하지 않겠다는 굳은 뜻을 보였어요.

강화 광성보

1866년 8월	1866년 9월	1871년	1873년
제너럴셔먼호 사건	병인양요	신미양요	흥선 대원군이 물러남.

📕 읽은 것 확인하기

1 서양 세력이 쳐들어온 사건의 이름을 따라 쓰고, 빈칸에 알맞은 나라를 쓰세요.

(1) 병 인 양 요 : 1866년에 _____ 군함이 쳐들어온 사건이에요.

(2) 신 미 양 요 : 1871년에 _____ 군함이 쳐들어온 사건이에요.

2 각 사건과 관계있는 사람과 장소를 찾아 줄로 이으세요.

병인양요 ·   · 어재연 ·   · 정족산성

신미양요 ·   · 양헌수 ·   · 광성보

3 병인양요와 신미양요에 대한 내용으로 맞으면 ○, 틀리면 ✕ 하세요.

(1) 프랑스군은 외규장각에 있던 책과 문화재를 훔쳐 갔다.   (   )
(2) 조선군은 정족산성에서 프랑스군에게 졌다.   (   )
(3) 미군은 제너럴셔먼호를 불태워 버린 사건을 핑계로 쳐들어왔다.   (   )
(4) 죽음을 무릅쓰고 싸우는 조선군에 놀라 미국 군함은 물러났다.   (   )

4 흥선 대원군이 서양과 교류하지 않겠다는 뜻으로 세운 비석의 이름을 쓰세요.

 역사 용어

외규장각 정조 때 왕실과 관련된 책들을 보관하려고 강화도에 지은 도서관.
척화비 흥선 대원군이 서양으로부터 나라를 지키고 맞서 싸우자는 뜻을 담아 세운 비석.

운요호 사건과 강화도 조약

홍선 대원군이 물러나고 고종이 직접 나라를 다스리게 되었어요.

이 무렵 산업을 발전시키고, 군사력을 키운 일본은 조선에 쳐들어올 구실을 찾고 있었어요. 1875년, 일본 군함 운요호가 강화도 초지진에 다가왔어요. 강화도 초지진을 지키던 조선군은 허락 없이 온 운요호를 향해 대포를 쏘며 돌아가라고 경고했어요. 운요호도 조선을 향해 대포를 쏘고, 백성들을 공격하다 물러갔어요. 이것이 '운요호 사건'이에요.

그 뒤 일본은 군함을 이끌고 강화도에 와서 운요호를 공격한 일을 사과하고 외교* 관계를 맺자고 했어요. 그렇지 않으면 한양까지 쳐들어가겠다고 위협했지요.

조선은 어쩔 수 없이 1876년 2월, 일본과 '강화도 조약*'을 맺었어요. 강화도 조약에 따라 조선은 부산, 원산, 제물포의 세 항구를 열고, 일본인이 자유롭게 장사하는 것을 허락했어요.

강화도 조약은 우리나라가 외국과 맺은 최초의 근대적인 조약이었어요. 하지만 조선에 불리한 불평등 조약이었지요.

운요호

1871년	1873년	1875년	1876년
신미양요	고종이 직접 나라를 다스림.	운요호 사건	강화도 조약

📖 읽은 것 확인하기

1 다음은 무슨 사건에 대한 설명인지 빈칸에 쓰세요.

> 1875년에 조선의 허락 없이 강화도 초지진에 온 일본 군함과
>
> 조선군이 충돌한 사건이에요.

　　　　　　　　　 사건

2 글을 읽으면서 알맞은 말에 ○ 하세요.

> 일본은 조선에 (운요호 / 제너럴셔먼호)를 공격한 일을 사과하고
> (외교 / 조공) 관계를 맺자고 했어요.

3 우리나라가 외국과 맺은 최초의 근대적인 조약은 무엇인지 쓰세요.

　　　　　　　　　 조약

4 강화도 조약에 대한 설명으로 옳지 <u>않은</u> 것을 고르세요.

① 부산, 원산, 제물포의 세 항구를 열었어요.
② 일본인은 절대로 조선에 들어올 수 없다는 조약이었어요.
③ 일본과 맺은 근대적인 조약이었어요.
④ 조선에 불리한 불평등 조약이었어요.

🚩 역사 용어

외교 다른 나라와 정치, 경제, 문화적으로 관계를 맺는 것.
조약 나라 사이에 정한 권리와 의무를 합의에 따라 법에 따르도록 하는 것. 또는 그런 문서.
제물포 인천광역시에 있었던 조선 시대 포구.

개항* 이후 조선은 어떻게 바뀌었을까요?

강화도 조약을 맺은 뒤, 조선은 서양 문물을 받아들인 일본의 모습을 보기 위해서 김기수를 비롯한 1차 수신사*를 보냈어요. 이들은 일본의 발전된 모습을 보고 깜짝 놀랐어요. 조선으로 돌아온 김기수는 빠르게 달리는 증기 기관차와 근대식 건물, 양복을 입은 일본 사람들의 모습 등을 빠짐없이 고종에게 보고했어요.

그 뒤, 조선은 김홍집을 비롯한 2차 수신사를 일본에 보냈어요. 김홍집은 중국의 외교관이 쓴 《조선책략》이라는 책을 가지고 돌아왔어요. 이 책에는 조선이 러시아를 막기 위해서는 청, 일본, 미국과 손을 잡아야 한다는 내용이 담겨 있어요. 이 책의 영향으로 조선은 서양 나라 중 미국과 처음으로 조약을 맺었어요.

일본의 발전된 모습을 전해 들은 고종은 서양 문물을 적극적으로 배워야겠다고 생각했어요. 고종은 '통리기무아문*'이라는 기구를 만들어 개화* 정책을 이끌어 나가도록 했어요. 또 청나라에 영선사를 보내 신식 무기 제조 기술과 군사 기술을 배워 오게 했어요. 그리고 신식 군대인 '별기군'도 만들었어요.

1876년 2월	1876년 4월	1880년	1881년
강화도 조약	1차 수신사를 일본에 보냄.	2차 수신사를 일본에 보냄.	청나라에 영선사를 보냄.

📖 읽은 것 확인하기

1 조선이 왜 일본에 수신사를 보냈는지 빈칸에 알맞은 말을 쓰세요.

조선은 ⬜⬜⬜⬜⬜ 문물을 받아들인 일본의 모습을

보기 위해서 일본에 수신사를 보냈어요.

2 수신사가 일본에서 본 모습이 아닌 것은 무엇인가요?

① 빠르게 달리는 증기 기관차
② 휴대 전화를 쓰며 다니는 사람들
③ 근대식 건물들
④ 양복을 입은 일본 사람들

3 고종이 개화 정책을 이끌어 나가기 위해 만든 기구의 이름을 쓰세요.

4 서양 문물을 적극적으로 받아들이기로 한 고종이 한 일을 모두 고르세요.

① 청나라에 영선사를 보내 신식 무기 제조 기술을 배워 오게 했어요.
② 전국에 척화비를 세우고 다른 나라와 교류하지 않았어요.
③ '통리기무아문'이라는 기구를 설치해 개화 정책을 이끌도록 했어요.
④ 신식 군대인 별기군을 만들었어요.

🚩 역사 용어

개항 항구를 열어 외국과 물건을 사고파는 일을 하는 것.
수신사 조선이 문물을 받아들이기 위해 일본에 보낸 사신들.
통리기무아문 개항 후 외교, 군사, 산업 등 근대화 정책을 추진하기 위해 설치한 기구.
개화 사상, 문물, 제도 등을 근대식으로 바꾸는 일.
영선사 신식 무기 제조 기술을 배우기 위해 청나라에 보낸 사찰단.

구식 군대의 반란, 임오군란

　조선은 개화 정책을 펴면서 신식 군대인 별기군을 만들었어요. 별기군은 신식 총과 칼을 쓰며 일본 군사 교관에게 훈련을 받았어요. 대우도 구식 군대보다 훨씬 좋았지요.

　하지만 구식 군인들은 일 년 넘게 월급을 받지 못해 점점 불만이 쌓여 갔어요. 그러다가 겨우 월급으로 받은 쌀에 모래와 겨가 섞여 있자 구식 군인들의 분노가 폭발했어요. 여기에 개화 정책에 불만을 갖고 있던 백성들도 함께했지요. 이 사건을 '임오군란'이라고 해요.

　구식 군인들은 쌀을 나누어 준 관청과 일본 공사관*을 습격하고 궁궐까지 쳐들어갔어요. 이 모든 책임이 개화 정책을 편 왕비 민씨*에게 있다고 생각했기 때문이에요. 이 틈을 타서 흥선 대원군이 다시 나라를 다스렸어요. 급히 몸을 피한 왕비 민씨는 고종에게 몰래 편지를 보내 청나라에 도움을 요청하자고 했어요. 청나라는 군사 3,000여 명을 보내 난을 일으킨 사람들을 찾아 처벌하고 흥선 대원군을 청나라로 끌고 갔어요. 이렇게 임오군란은 끝이 났어요.

　하지만 청나라군은 조선에 남아 정치에 간섭하기 시작했어요.

1876년	1881년	1882년
강화도 조약	별기군을 설치함.	임오군란

1 신식 총과 칼을 쓰며 일본 군사 교관에게 훈련 받는 조선의 신식 군대 이름을 쓰세요.

2 임오군란에 대한 설명에 맞게 빈칸에 들어갈 말을 〈보기〉에서 찾아 쓰세요.

보기

구식 군대
신식 군대

• [   ] 인 별기군에 비해 차별 대우를 받던

[   ] 의 군인들이 반란을 일으킨 사건이에요.

3 임오군란에 대한 설명으로 맞으면 ○, 틀리면 × 하세요.

(1) 구식 군인들이 신식 군대인 별기군과 싸움을 벌였다.   (   )
(2) 청나라군이 와서 난을 일으킨 사람들을 처벌했다.   (   )
(3) 왕비 민씨가 청나라에 도움을 요청하자고 했다.   (   )
(4) 구식 군인들이 일본 공사관을 습격하였다.   (   )

4 글을 읽으면서 알맞은 말에 ○ 하세요.

임오군란 후에 (청나라군 / 일본군)이 조선의 정치에 간섭하기 시작했어요.

📌 역사용어

공사관 한 나라를 대표하여 온 외교 사절이 그곳에서 업무를 보기 위해 만든 사무실.
왕비 민씨 고종의 비로, 흥선 대원군과 대립했으며 고종이 황제로 즉위해 명성 황후라 칭함.

삼 일 만에 끝난 갑신정변

1884년 10월 17일, 우정총국[*] 개국 축하 잔치가 열리는 날이었어요. 갑자기 밖에서 '불이야!' 하고 다급하게 외치는 소리가 들렸어요. 잠시 뒤 관리 민영익[*]이 온몸에 칼을 맞고 안으로 들어왔어요. 잔치가 열리던 우정총국은 순식간에 아수라장이 되었어요.

이 일은 청나라의 간섭에서 벗어나 하루빨리 근대화를 이루어야 한다고 주장하던 급진 개화파가 계획한 일이었어요. 급진 개화파[*]로는 김옥균, 홍영식, 박영효, 서재필 등이 있었어요.

급진 개화파는 곧바로 궁궐로 가 자신들을 반대하던 관리들을 없애고 새로운 정부를 만들었어요. 이것이 '갑신정변[*]'이에요.

급진 개화파는 '청나라의 간섭에서 벗어날 것', '모든 사람에게 평등한 권리를 줄 것', '능력에 따라 관리를 뽑을 것' 등 조선을 근대 국가로 만들기 위한 개혁안 14개 조를 발표했어요.

하지만 10월 19일에 청나라군이 들이닥쳤어요. 급진 개화파를 도와주기로 약속했던 일본군은 급하게 돌아가 버리고 없었지요. 급진 개화파의 갑신정변은 이렇게 삼 일 만에 끝나고 말았어요.

서울시 종로구에 있는 우정총국 유적

읽은 날짜 :　　월　　일

1. 급진 개화파들이 우정총국 개국 축하 잔치에서 일으킨 사건을 쓰세요.

2. 글을 읽으면서 알맞은 말에 ○ 하세요.

> 급진 개화파들은 (청나라 / 러시아)의 간섭에서 벗어나
> 하루빨리 (동양화 / 근대화)를 이루어야 한다고 주장했어요.

3. 갑신정변을 일으킨 급진 개화파를 모두 찾아 ○ 하세요.

홍영식　　김옥균　　박영효　　민영익　　서재필　　김홍집

4. 갑신정변에 대한 설명으로 맞는 것을 모두 고르세요.

① 급진 개화파가 개화를 반대하는 관리들을 없애고 새로운 정부를 만들었어요.
② 일본군이 도와주어 청나라군을 물리쳤어요.
③ 청나라군이 들이닥쳐 갑신정변은 실패했어요.
④ 갑신정변은 삼 일 만에 끝나고 말았어요.

역사 용어

우정총국 근대적인 우편 제도에 관한 모든 일을 맡아보던 관청.
민영익 왕비 민씨의 조카로, 사절단으로 미국의 문물을 보러 다녀옴.
급진 개화파 청나라를 섬기는 사대 관계를 버리고, 조선의 근대화를 빠르게 추진하려던 세력.
정변 정치상의 큰 변화.

전봉준과 동학 농민 운동

몸집이 작아 녹두 장군이라 불린 전봉준은 새로운 세상을 꿈꾸며 동학을 믿게 되었어요.

당시 전라도 고부 군수 조병갑은 백성들에게 많은 세금을 물리고, 죄를 뒤집어씌우거나 재물을 빼앗았어요. 참다못한 전봉준은 동학 농민군을 모아 관아로 쳐들어가 조병갑과 관리들을 몰아냈어요. 나라에서는 새로운 군수를 보냈지만 동학교도를 탄압했지요.

"나라를 구하고 백성을 편안하게 합시다!"

전봉준은 농민들을 모아 다시 일어났어요. '동학 농민 운동'이 일어난 것이에요. 8,000명이 넘는 동학 농민군은 순식간에 전라도 지역을 차지하며 전주성까지 점령했어요.

이 소식에 놀란 조선 조정의 요청으로 청나라에서 군대를 보냈어요. 일본도 군대를 보냈지요. 그러자 동학 농민군은 외국 군대가 나서는 것을 막기 위해 스스로 물러났어요.

그러나 청일 전쟁*에서 이긴 일본이 조선의 정치에 간섭하자 전봉준과 동학 농민군은 일본을 몰아내기 위해 다시 일어났어요. 동학 농민군은 죽창*을 들고 충청도 공주 우금치에서 관군과 일본군에 맞서 싸웠어요. 하지만 전봉준이 잡히면서 실패로 끝났어요.

전봉준 동상

1894년 3월	1894년 6월	1894년 9월	1894년 12월
동학 농민 운동	청일 전쟁	농민군이 다시 봉기함.	전봉준이 체포됨.

1 녹두 장군이라 불리며 동학 농민군을 이끈 사람을 쓰세요.

2 무엇에 대한 설명인지 빈칸에 알맞은 말을 쓰세요.

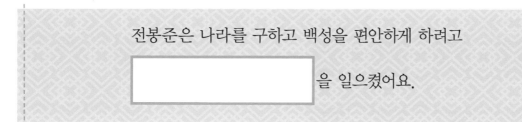

전봉준은 나라를 구하고 백성을 편안하게 하려고

　　　　　　　　　　　　　을 일으켰어요.

3 글을 읽으면서 알맞은 말에 ○ 하세요.

전봉준과 동학 농민군은 청일 전쟁에서 이긴 (청나라 / 일본)가/이
조선 정치에 간섭하자 그들을 몰아내기 위해 다시 일어났어요.

4 동학 농민 운동이 일어난 과정을 차례에 맞게 번호를 쓰세요.

| 일본이 조선의 정치에 간섭하자 다시 일어났다. | 외국 군대가 나서는 것을 막기 위해 스스로 물러났다. | 전봉준이 농민군을 모아 동학 농민 운동을 일으켰다. | 공주 우금치에서 전봉준이 잡히면서 실패로 끝났다. |

역사용어

청일 전쟁 1894년에 조선의 지배를 둘러싸고 일본과 청나라 사이에 벌어진 전쟁.
죽창 대나무로 만든 창.

63

근대 국가의 틀을 마련한 갑오개혁

동학 농민 운동과 청일 전쟁이 한창인 1894년, 조선은 김홍집을 중심으로 '군국기무처*'라는 기구를 만들고 여러 가지 개혁을 실시했어요. 이것이 '갑오개혁'이에요. 갑오개혁은 나라의 낡은 제도를 근대식으로 바꾸는 개혁이었어요.

'양반과 상민을 차별하지 않는다', '과거 제도를 없애고 능력에 따라 인재를 뽑는다', '과부도 재혼을 할 수 있다'는 등의 내용이 들어 있었지요.

그러자 양반들이 강하게 반대했어요. 신분 제도와 과거 제도를 없애는 것이나 과부의 재혼을 허락하는 것은 조선의 유교 질서를 무너뜨리는 일이라며 수많은 상소*를 올렸어요.

고종도 불만이 많았어요. 정치 개혁으로 왕의 권한이 줄었기 때문이었어요.

이뿐만 아니라 짧은 기간에 많은 개혁을 하려다 보니 제대로 이루기 어려운 것도 있었어요. 또 일본의 간섭으로 군사 제도는 개혁하지 못했지요. 하지만 갑오개혁으로 조선은 점차 근대 국가의 모습을 갖추게 되었어요.

군국기무처로 사용했던 경복궁 수정전

1894년 6월	1894년 7월	1895년
청일 전쟁	갑오개혁	을미사변

📕 읽은 것 확인하기

1 무엇에 대한 설명인지 빈칸에 알맞은 말을 쓰세요.

　　　　　　　　　　은 나라의 낡은 제도를 근대식으로 바꾸는 개혁이었어요.

2 갑오개혁의 내용으로 맞는 것을 모두 고르세요.

① 양반과 상민을 차별하지 않기로 했어요.
② 과거 제도를 없애고 능력에 따라 인재를 뽑기로 했어요.
③ 나라에 세금을 내지 않아도 되었어요.
④ 과부도 재혼을 할 수 있게 되었어요.

3 양반들이 갑오개혁을 반대한 이유에 맞게 알맞은 말에 ○ 하세요.

(신분 / 군사) 제도와 과거 제도를 없애는 것, 과부의 재혼을 허락하는
것은 조선의 (유교 / 불교) 질서를 무너뜨린다고 생각했기 때문이에요.

4 갑오개혁에 대한 설명으로 맞으면 ○, 틀리면 × 하세요.

(1) 김홍집을 중심으로 군국기무처를 만들고 개혁을 실시했다. 　　(　　)
(2) 양반들은 갑오개혁을 모두 찬성했다. 　　(　　)
(3) 조선은 갑오개혁으로 근대 국가의 모습을 갖추게 되었다. 　　(　　)
(4) 갑오개혁은 짧은 기간에 모든 부분을 개혁했다. 　　(　　)

🚩 역사 용어

김홍집 2차 수신사로 일본에 가서 《조선책략》을 가져오고, 갑오개혁 때는 영의정으로 군국기무처를 이끎.
군국기무처 1894년 7~12월까지 약 5개월 동안 갑오개혁을 추진했던 기관.
상소 임금에게 올리던 글.

을미사변과 단발령

1895년 8월 20일, 고요한 경복궁에 일본 군인들과 낭인*들이 들이 닥쳤어요. 그리고 왕비 민씨를 잔인하게 시해*했어요. 왕비 민씨가 러시아를 끌어들여 일본을 몰아내려고 했기 때문이에요. 왕비 민씨가 시해당한 사건을 '을미사변'이라고 해요.

을미사변으로 일본에 대한 백성들의 분노가 매우 컸어요. 이때 일본의 강요로 고종은 백성들에게 상투를 자르라는 '단발령'을 내렸어요. 조선 사람들은 머리카락은 부모에게 물려받은 것이므로 자르는 것은 효에 어긋난다고 생각했어요. 또 조선의 전통을 무시하고 일본을 따라 하는 것이라 생각하여 단발령을 따르지 않겠다고 했지요.

"머리카락을 자르려거든 차라리 목을 쳐라."

강제로 상투를 잘린 사람들은 목숨을 잃은 듯 잘린 상투를 잡고 울부짖었어요. 그리고 전국 곳곳에서 일본을 몰아내자며 의병이 일어났어요.

왕비 민씨가 시해된 곳으로 추정되는 건청궁 옥호루

1894년	1895년	1896년
갑오개혁	을미사변	아관 파천

📖 읽은 것 확인하기

1 무슨 사건에 대한 설명인지 알맞은 것을 찾아 따라 쓰세요.

> 왕비 민씨가 일본 군인들과 낭인들에게 잔인하게 시해당한 일.

을 사 조 약   을 미 사 변

2 글을 읽으면서 알맞은 말에 ○ 하세요.

> 일본은 왕비 민씨가 (청나라 / 러시아)를 끌어들여 조선에서
> 일본을 몰아내려고 하자 왕비 민씨를 시해했어요.

3 고종이 백성들에게 상투를 자르라고 내린 명령은 무엇인지 쓰세요.

4 조선 사람들이 단발령을 따르지 않으려고 한 이유를 모두 고르세요.

① 머리카락을 자르는 것은 효에 어긋나는 일이라고 생각했기 때문에
② 상투를 자르는 것은 위생에 좋지 않기 때문에
③ 조선의 전통을 무시하는 것이기 때문에
④ 일본을 따라 하는 것이기 때문에

🚩 역사 용어

낭인 일본의 떠돌이 무사.
시해 왕이나 왕비 등 윗사람을 죽이는 일.

부모님께

문제를 풀면 바로 답을 확인해 주시고,
틀린 문제는 한 번 더 풀도록 지도해 주세요.

8~9쪽 조선 쌀로 세금을 내게 한 대동법

1 공납

2 대동법은 세금으로 특산물 대신 **쌀**을 내게 한 제도예요.

3 (1) ◯, (2) ◯, (3) ◯, (4) ✕

4 **광해군** 때 경기도에서 처음 실시된 대동법은
숙종 때 이르러 전국적으로 실시되었어요.

도움말

대동법의 실시로 관청에서 필요한 여러 가지 물건을 구해다 주는 공인이 생겨났어요. 공인들은 나라에서 돈을 미리 받아 수공업자에게 물건을 주문한 뒤 그 물건을 가져다주었어요. 이러다 보니, 물건을 사고파는 일이 잦아져 상업이 매우 발달했어요.

10~11쪽 조선 울릉도와 독도를 지킨 안용복

1 고기잡이를 하는 어부

2 **울릉도**는 **일본**의 땅이 아니다.

3 조선

4 ②, ③

도움말

안용복이 처음 일본에 갔다가 온 뒤에 일본 막부는 울릉도와 독도를 조선의 영토로 인정하고, 일본 어민이 독도에서 어업 활동을 하는 것을 금지했어요. 이것은 울릉도와 독도가 조선의 영토임을 확인한 매우 중요한 결정이에요.

12~13쪽 조선 탕평책을 펼친 영조

1 연잉군

2 **노론**-연잉군을 왕으로 세우자. / **소론**-세자를 왕으로 세우자.

3 왕이 한쪽 **붕당**에 치우치지 않고,
인재를 골고루 뽑아 쓰는 정책이에요.

4 ①

도움말

영조는 탕평책을 널리 알리기 위해 직접 글씨를 써서 탕평비를 세웠어요. 그리고 성균관 학생들에게 붕당을 만들지 말 것을 당부했어요. 그리고 붕당의 원인이 서원에 있다고 여겨 서원을 정리했어요.

논에 모내기, 밭고랑에 씨뿌리기

1 모내기법

2 ①, ②, ④

3 씨앗을 밭에 흩뿌리는 대신 **고랑**을 깊이 파서 씨앗을 심는 **골뿌림법**이 널리 퍼졌어요.

4 ②, ④

도움말

담배와 고추는 임진왜란 무렵 일본을 통해 우리나라에 전해졌어요. 사람들이 담배를 즐겨 피우게 되면서 담배를 길러 돈을 버는 농민이 생겨났어요. 또 고추가 들어오면서 백김치에 고춧가루를 넣어 오늘날과 같은 빨갛고 매운 김치를 만들게 되었어요.

16~17쪽 조 선 **활기가 넘치는 조선의 시장**

1 전국 방방곡곡에서 5일에 한 번씩 **장시**가 열렸어요.

2 가마솥, 놋그릇, 옹기

3 ①, ②

4 (1) ✕, (2) ◯, (3) ✕, (4) ◯

도움말

장시는 1700년대 말에는 전국 천여 곳에서 열렸어요. 장시에 나오는 물건도 다양해져 곡식부터 집에서 만든 술이나 떡, 옷감, 갓, 신발처럼 생활에 필요한 물건도 있었어요.

18~19쪽 조 선 **실제 생활에 도움이 되는 실학**

1 실학

2 성리학으로는 문제를 해결할 수 없었기 때문에

3 (1) 이익, 정약용

　 (2) 박지원, 박제가

4 (순서대로) 이중환, 유득공

도움말

실학은 당시 조선 사회의 문제를 적극적으로 해결하려고 한 점에서는 의의가 있어요. 하지만 대부분의 실학자들이 관직과는 거리가 먼 학자들이어서 그들의 주장은 실제 정책에는 반영되지 못했어요.

20~21쪽 조 선 **개혁을 펼친 왕, 정조**

1 사도 세자, 정조

2 (1) 규장각 (2) 장용영

3 홍대용, 이덕무, 박지원, 박제가, 정약용

4 (1) ◯, (2) ◯, (3) ✕, (4) ◯

도움말

정조는 37세 이하의 관리 중에서 재능 있고, 젊은 인재를 뽑아 규장각에서 특별히 교육시켰어요. 이들을 '초계문신'이라고 했는데, 초계문신은 40세까지 규장각에서 연구에만 힘썼어요. 이들은 정조의 개혁 정치를 실천해 나갔어요.

1 새로운 정치를 펼치기 위해서

2 정약용은 무거운 돌을 쉽게 들어올릴 수 있는 **거중기**를 만들었어요.

3 《화성성역의궤》

4 ①, ②, ④

도움말

수원 화성은 처음부터 계획되어 건설된 성곽이에요. 동서양의 건축 기술을 활용하여 과학적으로 건설되었고, 여러 건축물들이 주변 지형과 어우러져 아름다워요.

1 새로운 문물과 과학 지식이 넘쳐 났어요.

2 《북학의》

3 ①, ②

4 청나라의 문물을 배우고, 상공업을 발전시키자고 주장하는 박제가, 이덕무, 유득공 같은 학자들을 **북학파**라고 해요.

도움말

1750년, 양반의 서얼로 태어난 박제가는 시와 글씨, 그림 등에 뛰어난 재주를 보였어요. 박지원을 스승으로 따르며 이덕무, 유득공 등의 실학자들과 북학파를 이루었어요. 규장각 검서관으로 일하며 정조에게 여러 개혁 정책을 제시했어요.

1 실학자

2 ②, ③, ④

3 정약용은 **천주교**를 믿는다는 이유로 귀양을 가게 되었어요.

4 (순서대로) 고을 수령이 지켜야 할 행동, 태도 등이 담겨 있어요./ 토지 제도를 바꾸어야 한다는 생각이 담겨 있어요.

도움말

정약용은 귀양을 간 18년 동안 실학에 대한 생각을 정리하고 책으로 썼어요. 전라남도 강진에 있는 다산 초당은 정약용이 유배 생활 동안 제자를 가르치고, 《목민심서》, 《경제유표》 등을 쓴 곳이에요.

1 조선 후기에는 백성들이 살아가는 모습을 그린 **풍속화**가 유행했어요.

2 도화서, 어진

3 (순서대로) 김홍도, 신윤복

4 (1) ○, (2) ×, (3) ×, (4) ○

도움말

조선 후기에는 풍속화 이외에 민화도 유행했어요. 민화는 해, 달, 나무, 꽃, 동물 등을 소재로 건강, 장수, 다산 등 서민들의 소망을 표현한 그림이에요. 서민들은 민화를 사서 벽에 걸거나 병풍으로 만들어 집 안을 장식했어요.

조선 조선 사람 모두가 즐긴 판소리

1 **소리꾼**이 북을 치는 **고수**의 북장단에 맞추어
  긴 이야기를 노래로 들려주는 공연이에요.

2 얼씨구, 절씨구, 좋다, 잘한다

3 ①, ②, ③

4 〈심청가〉, 〈홍보가〉, 〈춘향가〉, 〈적벽가〉, 〈수궁가〉

도움말

판소리는 소리꾼이 즉흥적으로 내용을 더하거나 뺄 수 있고, 관객도 추임새를 넣으며 함께 어울릴 수 있어 서민들에게 많은 사랑을 받았어요.

조선 서민들이 즐겨 읽은 한글 소설

1 《홍길동전》

2 ②, ④, ③, ①

3 《양반전》

4 (1) ○, (2) ✕, (3) ○, (4) ○

도움말

한글 소설이 유행하면서 구수한 말솜씨로 재미나게 책을 읽어 주는 '전기수'가 생겨났어요. 또 책을 빌려 주는 '세책가'도 생겨났어요. 세책은 주로 여성들에게 큰 인기가 있었어요.

조선 조선에 전해진 서학

1 ③, ②, ①

2 서학

3 평등, 천국

4 ①, ③

도움말

처음 천주교는 서양의 학문으로 들어왔어요. 그 뒤 몇몇 학자들이 신앙으로 천주교를 믿게 되었고, 부녀자들이나 일반 백성들에게도 널리 퍼졌어요. 특히 이승훈이 중국 베이징에서 영세를 받고 돌아오면서 천주교는 빠르게 퍼져 나갔어요..

조선 김정호와 〈대동여지도〉

1 최한기

2 김정호는 **청구도**라는 두 권짜리 지도를 만들었어요.

3 〈대동여지도〉

4 ①, ②, ④

도움말

〈대동여지도〉는 전체 22첩으로 되어 있는데, 접어서 가지고 다닐 수 있도록 만들어졌어요. 〈대동여지도〉는 십 리마다 점을 찍어 놓아 실제 거리를 쉽게 알 수 있도록 했어요.

조 선 **자유롭지 못한 조선 여성들의 생활**

1 유교, 없었어요

2 시집살이

3 ②, ①, ③

4 ②, ③, ④

도움말

조선 초기에는 여성이 결혼을 하더라도 남편과 친정에서 사는 친정살이가 많았어요. 그러다 후기로 갈수록 결혼을 하면 여성이 시집에 가서 살림살이를 하는 시집살이로 바뀌게 되었어요.

조 선 **의로운 여인 김만덕**

1 김만덕은 어려서 부모님을 잃고 **기생**이 되었어요. 상민의 신분을 되찾은 후에는 제주도의 물건을 육지에 파는 **상인**이 되었어요.

2 육지에서 쌀을 사와 제주도 백성들에게 나누어 주었어요.

3 〈만덕전〉

4 2, 1, 3, 4

도움말

정조 임금은 김만덕을 칭찬하며 소원을 물었는데, 김만덕은 금강산 구경이라고 말했어요. 이에 김만덕은 정조 임금의 명으로 금강산 구경을 할 수 있었어요. 당시 여성으로서는 하기 어려운 용기 있는 모습이었지요.

조 선 **세도 정치로 흔들리는 조선**

1 **세도** 정치

2 (순서대로) 안동 김씨, 풍양 조씨, 안동 김씨

3 세도 정치는 순조에서 헌종, 철종까지 **60**여 년 동안 계속되었어요.

4 ①, ③

도움말

세도 정치 기간 동안 관리를 뽑는 과거 제도가 엉망이 되었어요. 세도 가문들은 과거 시험에서 시험지를 바꿔치기 하거나 돈을 받고 과거 합격증을 팔기도 했어요. 또 세도 가문 사람이 아니면 높은 벼슬을 할 수 없었어요.

조 선 **세금으로 고통받는 백성들**

1 (1) 전세, (2) 군포

2 (1) ○, (2) ×, (3) ○, (4) ○

3 봄, 이자

4 억지로 곡식을 빌려주고 이자를 몇 배로 받아 갔어요.

도움말

세금으로 힘들어진 백성들은 고향을 떠나 떠돌아다녔어요. 그러다 거지가 되거나 도적이 되었어요. 또 굶주림에 시달리다 자기 자신이나 처자식을 양반집 노비로 팔기도 했어요.

조선 평안도에서 일어난 홍경래의 난

1 평안도, 관직

2 홍경래

3 ②, ③, ④

4 ③

도움말

홍경래의 난이 일어난 지 50여 년이 지난 뒤에도 관리들의 횡포는 나아지지 않았어요. 이에 진주에서 농민들이 봉기한 것을 시작으로 전국에서 농민들이 봉기했어요. 이것을 임술년인 1862년에 일어나 '임술 농민 봉기'라고 해요.

조선 동학을 창시한 최제우

1 동학

2 서학, 성리학

3 ③, ①

4 신분 제도를 무너뜨릴 수 있다고 생각했기 때문에

도움말

최제우의 가르침은 최시형으로 이어졌어요. 최시형은 숨어 다니면서 동학을 널리 전했고, 그 결과 경상도에서 시작된 동학은 전라도와 충청도까지 퍼지게 되었어요. 동학이라는 명칭은 1905년 천도교로 바뀌었어요.

조선 흥선 대원군의 개혁

1 흥선 대원군

2 세도 정치로 흐트러진 나라를 바로 세우기 위해서

3 ①, ②, ③

4 왕실의 권위를 세우기 위해 **경복궁**을 다시 지었어요.
　경복궁 짓는 비용을 마련하기 위해 **당백전**을 새로 만들었어요.

도움말

경복궁을 다시 짓기 위해 원납전을 걷었어요. 원납전은 일종의 기부금으로, 처음에는 백성들도 기쁜 마음으로 냈어요. 그런데 예상보다 돈이 많이 들어가자 나라에서는 강제로 거두었어요. 또 나라에서 새로 만든 당백전이란 화폐는 물가를 높였어요.

조선 병인양요와 신미양요

1 (1) **병인양요**: 1866년에 **프랑스** 군함이 쳐들어온 사건이에요.
　(2) **신미양요**: 1871년에 **미국** 군함이 쳐들어온 사건이에요.

2 병인양요-양헌수-정족산성/ 신미양요-어재연-광성보

3 (1) ○, (2) ×, (3) ○, (4) ○

4 척화비

도움말

척화비에는 '서양 오랑캐가 침범하는데 싸우지 않으면 화친하는 것이요, 화친을 주장하는 일은 나라를 파는 일이다.'라는 글이 새겨져 있어요. 서양과 절대로 교류하지 않겠다는 뜻을 밝힌 것이에요.

조 선 **운요호 사건과 강화도 조약**

1 **운요호** 사건

2 운요호, 외교

3 **강화도** 조약

4 ②

도움말

조선은 일본과 조약을 맺기로 했지만, 어떤 내용을 조약으로 맺어야 할지 준비가 되지 않은 상태였어요. 그래서 나라에서는 접견 대신 신헌에게 모든 것을 맡겼어요. 그러다 보니 일본이 정한 조약 내용을 대부분 따라야 했어요.

조 선 **개항 이후 조선은 어떻게 바뀌었을까요?**

1 조선은 **서양** 문물을 받아들인 일본의 모습을 보기 위해서 일본에 수신사를 보냈어요.

2 ②

3 통리기무아문

4 ①, ③, ④

도움말

1883년, 미국과 외교를 맺은 조선은 미국에도 보빙사를 보냈어요. 보빙사란 미국의 초빙에 답한다는 뜻으로 붙인 이름이었어요. 이때 민영익과 서광범은 미국의 주선으로 조선인 최초로 세계 일주를 했고, 유길준은 미국에 남아 공부를 했어요.

조 선 **구식 군대의 반란, 임오군란**

1 별기군

2 **신식 군대**인 별기군에 비해 차별 대우를 받던 **구식 군대**의 군인들이 반란을 일으킨 사건이에요.

3 (1) ×, (2) ○, (3) ○, (4) ○

4 청나라군

도움말

난을 일으킨 구식 군인들은 대부분 가난해 왕십리에 살았어요. 이곳에 사는 가난한 사람들도 개화 정책 때문에 살기 어려워졌다고 생각했어요. 이 사람들이 구식 군인에 합세하면서 반란의 규모는 더욱 커졌어요.

조 선 **삼 일 만에 끝난 갑신정변**

1 갑신정변

2 청나라, 근대화

3 홍영식, 김옥균, 박영효, 서재필

4 ①, ③, ④

도움말

갑신정변이 실패로 돌아가자 박영교와 홍영식은 청나라군에게 처형당했어요. 김옥균과 박영효, 서광범, 서재필 등은 일본으로 망명했어요. 김옥균은 다시 청나라로 갔고, 홍종우에 의해 살해되었어요.

조선 **전봉준과 동학 농민 운동**

1 전봉준

2 전봉준은 나라를 구하고 백성을 편안하게 하려고
   동학 농민 운동을 일으켰어요.

3 일본

4 3, 2, 1, 4

도움말

동학 농민군을 이끌었던 전봉준은 몸집이 작아 녹두 장군으로 불렸어요. 전봉준이 잡히자, 사람들은 '새야 새야 파랑새야'라고 노래를 부르며 전봉준의 죽음과 동학 농민 운동의 실패를 안타까워했어요.

조선 **근대 국가의 틀을 마련한 갑오개혁**

1 **갑오개혁**은 나라의 낡은 제도를 근대식으로 바꾸는 개혁이었
   어요.

2 ①, ②, ④

3 신분, 유교

4 (1) ○, (2) ×, (3) ○, (4) ×

도움말

교육에서는 서양식 학교 제도를 도입해 오늘날의 초등학교인 소학교가 처음 세워졌어요. 이때 생겨난 소학교가 서울의 교동 소학교, 수하동 소학교, 재동 소학교 등이었어요.

조선 **을미사변과 단발령**

1 을미사변

2 러시아

3 단발령

4 ①, ③, ④

도움말

을미사변 뒤 고종은 일본의 감시와 위협으로 불안해했어요. 고종은 경복궁에서 러시아 공사관으로 몰래 거처를 옮겼어요. 이 사건을 아관파천이라고 해요. 이곳에서 고종은 친일파 대신들을 쫓아내고 친러파로 새롭게 조정을 구성했어요.

찾아보기